SÃO JOSÉ DE ANCHIETA

POEMA DA BEM-AVENTURADA VIRGEM MARIA MÃE DE DEUS

DE BEATA VIRGINE DEI MATRE MARIA

Tradução:
Armando Cardoso, SJ

Introdução e notas:
Bruno Franguelli, SJ

DIREÇÃO EDITORIAL:
Pe. Fábio Evaristo R. Silva, C.Ss.R.

CONSELHO EDITORIAL:
Cláudio Anselmo Santos Silva, C.Ss.R.
Ferdinando Mancilio, C.Ss.R.
Gilberto Paiva, C.Ss.R.
José Uilson Inácio Soares Júnior, C.Ss.R.
Marcelo da Rosa Magalhães, C.Ss.R.
Victor Hugo Lapenta, C.Ss.R.

COORDENAÇÃO EDITORIAL:
Ana Lúcia de Castro Leite

TRADUÇÃO:
Armando Cardoso, SJ

INTRODUÇÃO E NOTAS:
Bruno Franguelli, SJ

REVISÃO:
J. Ramón F. Cigoña, SJ
Sofia Machado

DIAGRAMAÇÃO:
Bruno Olivoto

Pintura da capa: São José de Anchieta (EUA, 2020), de Raúl Berzosa

Dados Internacionais de Catalogação na Publicação (CIP) de acordo com ISBD

A539p	Anchieta, José de, 1534-1597
	Poema da Bem-aventurada Virgem Maria Mãe de Deus: de beata virgine dei matre Maria / José de Anchieta. - Aparecida, SP : Editora Santuário, 2020.
	312 p. ; 16cm x 23cm.
	ISBN: 978-65-5527-025-9
	1. Religião. 2. Cristianismo. 3. Poema. 4. Virgem Maria Mãe de Deus. I. Título.
2020-1645	CDD 240
	CDU 24

Elaborado por Vagner Rodolfo da Silva - CRB-8/9410

Índice para catálogo sistemático:
1. Religião : Cristianismo 240
2. Religião : Cristianismo 24

2ª impressão

Todos os direitos em língua portuguesa reservados à **EDITORA SANTUÁRIO** – 2023

Rua Pe. Claro Monteiro, 342 – 12570-045 – Aparecida-SP
Tel.: 12 3104-2000 – Televendas: 0800 0 16 00 04
www.editorasantuario.com.br
vendas@editorasantuario.com.br

Faze com que não se cansem meus suspiros
de violentar os céus
e o coração não corte sua voz de lágrimas.
Que me atormentem as saudades do Senhor,
oculto nas alturas,
enquanto, longe da pátria, sofro o exílio.

(Vv. 4275-4278)

PREFÁCIO

No dia 3 de abril de 2014, o papa Francisco nos dava a alegria da canonização do Apóstolo e Padroeiro do Brasil, São José de Anchieta, propondo-o como exemplo a ser seguido não somente pelo povo brasileiro, mas por toda a Igreja. Ainda no vigor de sua juventude, São José de Anchieta, juntamente com o Pe. Manuel da Nóbrega e outros jesuítas desbravadores na desafiadora missão no "Novo Mundo", consagrou sua vida ao labor missionário, especialmente junto às populações indígenas, dedicando-se generosamente à evangelização do Brasil nascente. Desde cedo foi reconhecido por seu zelo, sua paixão e sua arte, colocados a serviço do Reino de Deus. Como bem disse o Santo Padre na missa de agradecimento pela canonização de Anchieta: "Esta foi sua santidade. Ele não teve medo da alegria!"

Em um dos momentos mais difíceis de sua vida, quando se tinha oferecido como refém pela paz em Iperoig, Anchieta compôs, em latim, um longo poema dedicado à Virgem Maria Mãe de Deus. Para o jovem Anchieta (então com 29 anos de idade), o empenho nessa composição foi um meio para manter-se fiel ao seu chamado e à sua consagração a Deus como jesuíta.

Tendo bebido das origens carismáticas da Companhia de Jesus e da espiritualidade de seu primo e fundador, Santo Inácio de Loyola, ao compor seus versos, Anchieta deixa transparecer a profundidade da contemplação inaciana dos mistérios da vida de Cristo, principalmente sua Paixão, Morte e Ressurreição. Seu poema é fruto dessa experiência pessoal dos Exercícios Espirituais. Em seu diálogo amoroso com a Virgem Maria, o santo poeta nos dá acesso às graças que jorram do Coração aberto do Filho pendente da cruz. Assim, o primeiro "mariólogo" do Brasil, na beleza de seus versos, introduz-nos em uma segura e salutar devoção mariana, cujo único objetivo é conduzir-nos à intimidade com Cristo encarnado, morto e ressuscitado. Convido, pois, os leitores desta belíssima obra a saborear, não somente seus aspectos literários e históricos, mas principalmente sua riqueza e profundidade espirituais.

Que este poema, composto por Anchieta enquanto empenhava sua vida para evitar a violência e a guerra, anime-nos a buscar o autêntico serviço do Reino. E que a Virgem Maria nos alcance de seu Filho a graça da verdadeira *parresía*, para que, em todas as nossas ações, desejemos sempre e unicamente a maior glória de Deus.

Roma, 3 de abril de 2020
6º aniversário da canonização de São José de Anchieta

Pe. Arturo Sosa, SJ
Superior Geral da Companhia de Jesus

"Anchieta escrevendo o Poema à Virgem na areia" (1920)
Autor: Benedito Calixto

UM POEMA QUE NASCEU
À BEIRA DO MAR

I – O POETA

Praia de Iperoig – Ubatuba, 1563

A paisagem é cinematográfica: de um lado, é possível contemplar uma gigante muralha verde e selvagem, e do outro, a imensidão azul do mar. Em pleno século XVI, o litoral norte de São Paulo esbanja ainda mais sua beleza com sua mata atlântica nativa e a exuberante riqueza de sua fauna e flora. A mistura de rio, mar e mata atlântica, para o jovem de 29 anos, é como uma espécie de antecipação daquilo que o Criador oferecerá no Paraíso àqueles que aceitam viver como filhos seus e irmãos uns dos outros.

José de Anchieta apoia seu olhar nesta beleza enquanto seu coração vive as angústias do medo e da solidão. O jovem jesuíta, que ainda não é sacerdote, não está neste local para desfrutar um merecido descanso, distante de suas missões nada fáceis. Nem mesmo viera para realizar algum de seus portentosos feitos missionários. Anchieta vive seu exílio. Ele mesmo se faz refém na região habitada pela nação indígena dos Tamoios, como garantia da autenticidade do desejo dos portugueses, de estabelecer, com eles, um sólido acordo de paz. O Pe. Manuel da Nóbrega também se oferece como refém, mas devido às frequentes ameaças de morte, sua pouca saúde e as complicações do acordo de paz, é fortemente aconselhado por Anchieta a retornar a São Vicente, onde o acordo é negociado.

Anchieta, o menor da Companhia de Jesus, como costumava se autonomear em suas cartas, naquele local, sozinho, intensifica ainda mais sua união com Deus e seu fervoroso amor à Virgem Maria. Assim, pode tocar suas memórias e todo o caminho feito até este momento, que tem tudo para ser derradeiro. Mas, qual é este caminho?

O caminho até a praia

No dia 19 de março de 1534, nasce o filho de Mência Diaz e Juan López de Anchieta. Ainda menino, em Tenerife, conhece a imagem da santa morena intitulada Nossa Senhora da Candelária. Com seus familiares, frequentemente peregrina em direção a uma pequena e graciosa capela construída junto a uma caverna, em um local privilegiado, à beira do mar. Ali, onde se misturam o silêncio da oração e o barulho das ondas, um fogo de amor à Virgem Maria acende-se no coração do menino Anchieta para nunca mais apagar. Assim, nasce a devoção, que, mais tarde, ele mesmo difundirá pelo Brasil e fará do jovem missionário o primeiro mariólogo da Nação.

Aos quatorze anos, José de Anchieta deixa sua ilha e parte para Coimbra. Seu objetivo é estudar no Colégio Artes, dirigido pelos jesuítas. O adolescente, que já está familiarizado com a língua latina, deixa a comodidade da vida familiar e mergulha no universo dos saberes. O mundo se abre para o menino, aprende novas línguas, estuda, tem acesso às obras clássicas. Lê e estuda autores clássicos, como Horácio e Virgílio, conhece as peças teatrais de Gil Vicente; e compartilha a vida com outros jovens universitários da sua idade. Diante dos inúmeros caminhos que a vida universitária lhe possibilita conhecer, as necessidades do seu coração parecem ser diferente dos demais rapazes. Sua energia de vida, própria do tempo da juventude, é intensa; e na capela do colégio, diante de uma imagem de Nossa Senhora, promete amor perpétuo à Virgem Maria, e como prova disso, oferece-lhe sua capacidade de amar por meio do voto de castidade. Por meio do belo testemunho dos membros da recém-fundada Companhia de Jesus, sente-se chamado a tornar-se jesuíta. E não demora em tomar tal decisão.

Em Coimbra, próximo ao Colégio de Artes, do outro lado da rua, encontra-se o noviciado da Companhia de Jesus, que para sua surpresa tinha por fundador seu parente próximo, Inácio de Loyola. Deste modo, com uma pequena trouxa às costas, José de Anchieta faz a travessia. Apenas a primeira de tantas que ainda haveria de fazer. O jovem noviço mostra-se cada vez mais persistente em seus ideais e vai mais longe que seus deveres religiosos lhe convidam. Desde seus primeiros momentos em Coimbra, auxiliava os sacerdotes, como coroinha, no maior número de Missas que podia, até se cansar. Talvez seja também por isso que sente sua saúde fragilizada por uma dor que quase não lhe permite respirar. Teme que sua vocação missionária seja arruinada. Mas, nas cartas brasileiras empolgantes e cheias de zelo missionário, escritas pelo primeiro superior dos jesuítas do Brasil, o Pe. Manuel da Nóbrega, o menino Anchieta se apoia. Nelas, Nóbrega pede missionários ao Brasil, ainda que doentes, pois, afirma o provincial, os ares brasileiros são benéficos. Deste modo, Anchieta se alista no grupo dos novos missionários. Já ama o Brasil antes mesmo de o conhecer. "Vais para morrer!", alguns dizem. Mas o jesuíta não se preocupa e segue, novamente com uma pequena trouxa às costas, sem medo, e apoia os pés na estreita escada improvisada que dá acesso à caravela que o conduzirá pelos misteriosos mares rumo à desconhecida Nação.

Aporta em Salvador depois de dois meses. Anchieta não está sozinho. Vem com a terceira leva de jesuítas na grande expedição de Tomé de Souza. Imediatamente embarca para São Vicente, e lá conhece pessoalmente seu superior, o grande líder Pe. Manuel da Nóbrega. Este, reconhecendo os sólidos dons do jovem jesuíta, confia-lhe uma importante missão: ser o primeiro professor da pequena choupana do Colégio de Piratininga, que depois daria origem à cidade de São Paulo. Anchieta assume a missão, sempre insatisfeito e buscando o *magis*, "o mais" que aprendera de seu primo Inácio de Loyola.

Pe. Manuel da Nóbrega logo se impressiona com as capacidades humanas e espirituais de Anchieta e percebe que pode esperar muito daquele jovem jesuíta. Anchieta, ainda que pouca experiência tivesse da vida e fosse portador de uma desconhecida enfermidade, transmite segurança e exala retidão no coração. Além de possuir uma sabedoria teórica e prática incrível, o jovem carrega uma criatividade apaixonada para a missão. Cedo aprende a língua nativa dos brasis e se deixa contagiar pelos aspectos mais belos da cultura indígena. Compõe peças de teatro e autos para transmitir, com suave ludicidade, os valores do Reino. Elabora uma gramática para que outros portugueses também se comuniquem na mesma língua dos brasis. Por isso, não é de se estranhar que o Pe. Nóbrega, gago que é, confie a Anchieta também a missão de ser seu intérprete principal. Assim, ambos tornam-se íntimos parceiros na Missão. Nos dois companheiros se concretizava a tão profunda amizade no Senhor, que o carisma jesuíta espera de seus membros.

Os anos passam, as missões dos companheiros de Jesus, com todas as dificuldades e pauperismos, desenvolvem-se, e agora, depois de uma década de duros trabalhos, com pouca comida e diversos riscos de morte, encontramos Anchieta em Iperoig, oferecido como garantia do apaziguamento da confederação dos Tamoios. Mas, o que realmente está acontecendo para que seja necessária essa entrega de Anchieta e por que é tão necessário realizar um acordo de paz?

Refém pela Paz

Corre o ano de 1563. A numerosa nação dos índios tamoios, que habita a região do atual litoral norte do Estado de São Paulo e grande parte do Estado do Rio de Janeiro, está cheia de ira contra os portugueses e disposta a destruir tudo e todos que encontrarem pela frente. O Pe. Quiricio Caxa, que conheceu pessoalmente Anchieta e escreveu sua primeira biografia, imediatamente após a morte do Apóstolo do Brasil, relata-nos:

> Padecia a capitania de São Vicente grandíssima opressão com os contínuos saltos que os tamoios nela faziam, levando-lhe seus escravos e algumas vezes as próprias mulheres, que estavam em suas fazendas, entre as quais houve algumas das doutrinadas pelos nossos, que fizeram finezas, deixando-se matar por não perderem a castidade. Sabia bem o Pe. Nó-

UM POEMA QUE NASCEU À BEIRA DO MAR

> brega que a justiça estava da parte dos tamoios pelos muitos agravos que tinham recebidos dos portugueses, e posto que com muitas missas, orações, disciplinas e outras penitências, procurava aplacar a ira de Deus contra seu povo: vendo que isso não bastava, determinou de procurar se fizessem as pazes com eles com condições honestas e justas, porque concluindo-se, ficava a capitania livre.[1]

Diante de tanto horror que ainda está por vir, Nóbrega e Anchieta se colocam à disposição para serem reféns, oferecendo suas próprias vidas como penhor do acordo. É importante notar que Nóbrega e Anchieta não se oferecem como reféns para defender os interesses dos portugueses e nem acreditam em sua inocência. Neste sentido, o Pe. Quirício Caxa deixa bem claro essa realidade quando afirma: "Sabia bem o Pe. Nóbrega que a justiça estava da parte dos tamoios pelos muitos agravos que tinham recebido dos portugueses"[2]. Deste modo, os dois jesuítas têm por único objetivo alcançar a paz para ambos os lados e seguir realizando sua missão evangelizadora. Assim, no dia 18 de abril de 1563, após renovarem seus votos religiosos, embarcam em São Vicente, passando por Bertioga e Ilha Bela até chegar a Iperoig (Ubatuba), onde reside o chefe dos Tamoios, Caoquira. Ao aportar nas praias de Iperoig, imediatamente, enquanto desembarcam os dois reféns, Nóbrega e Anchieta, dois dos tamoios embarcam para São Vicente. Com uma pequena diferença: enquanto os indígenas tamoios que partem são tratados de modo cordial e como amigos dos portugueses, os dois jesuítas que desembarcam já podem suspeitar o que está por vir. Sobre esse momento, o próprio Anchieta relata:

> Chegados à praia, pusemo-nos de joelhos, dando graças a Nosso Senhor e desejando abrir-se já alguma porta por onde entrasse a sua graça a esta nação que tanto tempo está apartada dela [...] Despedindo-se os nossos de nós com muitas lágrimas, como que nos deixavam entre dentes de lobos famintos.[3]

---

[1] CAXA, Quirício; RODRIGUES, Pero, *Primeiras biografias de José de Anchieta*, Obras Completas, vol. XIII. São Paulo, Loyola, 1988, 19.

[2] *Idem*, 19.

[3] ANCHIETA, José de, *Cartas: correspondência ativa e passiva*, Obras Completas, vol. VI. São Paulo, Loyola, 1984, 202.

E continua:

> Os tamoios, além de serem muito violentos, praticavam o canibalismo. "Cativam continuamente as mulheres dos cristãos e têm por mancebas, e depois as matam e comem.[4]

Após dois meses, como já dissemos, Nóbrega retorna a São Vicente. E pelos próximos três meses, Anchieta continua seus combates diários sem ter com quem compartilhar as tribulações e angústias. E a solidão, experimentada de modo visceral, fecunda no coração do jovem os versos do maior poema dedicado à Virgem Mãe de Deus.

Os três amores de Anchieta

O amor nos move até o inimaginável. O Pe. Pedro Arrupe, que foi Superior Geral da Companhia de Jesus e esteve presente na cerimônia de Beatificação de Anchieta, elaborou um belíssimo discurso sobre os movimentos do amor:

> Não há nada mais prático
> do que encontrar Deus;
> ou seja, apaixonar-se por Ele
> de um modo absoluto, até o fim.
>
> Aquilo pelo qual estás apaixonado
> agarra a tua imaginação
> e acaba por ir deixando a Sua marca em tudo.
>
> Determinará
> o que te faz sair da cama cada manhã,
> o que fazes com as tuas tardes,
> como passas os teus fins de semana,
> o que lês,
> o que conheces,
> o que te faz sentir o coração desfeito,
> e o que te faz transbordar da alegria e gratidão.
>
> Apaixona-te! Permanece no Amor!
> Tudo passará a ser diferente.

---

[4] *Idem*, 216.

Se pousamos o olhar sobre a vida de Anchieta, não é difícil reconhecer o quão apaixonado esse poeta era pelo Reino e pelo anúncio criativo de seus valores. O Pe. Armando Cardoso, um dos biógrafos mais conhecidos de Anchieta, reconhece três amores que transparecem neste poema e são determinantes na vida do apóstolo: Jesus, Maria e a pureza. Nas cartas de Anchieta, uma das características principais que podem ser observadas está no seu modo de iniciá-las. O jesuíta sempre começava saudando seus destinatários com os nomes de Jesus e de Maria. Seu amor à pureza será o grande motor de sua obra de evangelização. É importante destacar que tal amor jamais fez do jesuíta um asceta intransigente e frio. Muito pelo contrário, José de Anchieta, como testemunham seus contemporâneos, sempre foi um doce e misericordioso apóstolo da pureza.

II – O POEMA

Os relatos do Pe. Pero Rodrigues, que foi superior provincial de Anchieta, poucos anos após a morte do santo, escreveu a segunda biografia, muito mais rica em detalhes e completa que a primeira escrita pelo Pe. Quirício Caxa. Em poucas palavras, Rodrigues introduz o contexto da gestação do poema:

> Para o irmão José compor a vida de Nossa Senhora, em verso, teve esta ocasião. Tanto que se viu metido naquele cativeiro, ainda que voluntário, antevendo os perigos que o haviam de cercar, tomou por veladora à Virgem Mãe de Deus, de quem era muito devoto, e prometeu de lhe compor sua vida, para que o livrasse no corpo e alma de todo o perigo de pecado, que quanto aos perigos da vida corporal bem pouco os temia, quem pedia a Deus lhe fizesse a mercê que acabasse ali a vida com tormentos por seu amor.[5]

A partir desse relato, temos acesso aos fatos que motivaram Anchieta a fazer a promessa à Virgem de compor sua vida em versos: a

---

[5] Caxa, Quirício; Rodrigues, Pero, *Primeiras biografias de José de Anchieta*, Obras Completas, vol. XIII. São Paulo, Loyola, 1988, 76.

proteção contra os pecados no corpo e na alma, pois *aos perigos da vida corporal bem pouco os temia*. O jovem jesuíta não tinha medo de morrer, o que mais temia era que rompesse sua fidelidade a Deus e perdesse a pureza. Em suas cartas, narra, não poucas vezes, o assombro dos indígenas ao notarem a vida célibe dos jesuítas.

Não podemos esquecer que Anchieta, além de ter apenas 29 anos, era constantemente testado pelos tamoios e quase obrigado a aceitar as mulheres da aldeia. Certamente, não foi nada fácil para o jovem superar tais momentos. Sobre este fato, o próprio jovem apóstolo confessa estes temores em sua carta dirigida ao Pe. Diogo Laínes, superior geral da Companhia de Jesus:

> Confesso minha fraqueza que muito me afligia a carne com contínuos temores, mas o espírito pela graça do Senhor estava pronto, [...] e quereria aceitar minha morte em sacrifício e odor de suavidade. Prouvera Deus que então a achará, mas ainda não em desespero, porque não tem só uma bênção que dar.[6]

A composição

> Depois de cumprir com Deus em muitas horas de oração de dia e de noite, e também com a obrigação de ensinar a doutrina a seus amigos, e lavrar com a palavra divina aquelas duras pedras, ia-se à praia passear, e ali, sem livro nenhum de que se pudesse ajudar, nem tira nem papel, andava compondo a obra, valendo--se somente de sua rara habilidade e memória extraordinária, e sobretudo do favor da Senhora, por cuja honra tomara aquela devota empresa.[7]

Em suas cartas, Anchieta jamais menciona ter escrito um poema à Virgem Maria. Seus principais biógrafos afirmam que isto se deu à causa de sua humildade. Além disso, muitos se perguntam como o poeta poderia ter memorizado tantos versos para só após ser resgatado, colocá-los integralmente no papel. Sim, é algo realmente quase sobre-

---

[6] Anchieta, José de, *Cartas: correspondência ativa e passiva*, Obras Completas, vol. VI. São Paulo, Loyola, 1984, 230.

[7] Caxa, Quirício; Rodrigues, Pero, *Primeiras biografias de José de Anchieta*, Obras Completas, vol. XIII. São Paulo, Loyola, 1988, 77.

natural, mas se tratando de Anchieta, não é nada incomum, pois "na vida do Apóstolo do Brasil abundam as maravilhas, e muitas delas bem comprovadas".[8] Aqui, vale a pena considerar o que diz o Pe. Armando Cardoso:

> Anchieta compôs o poema da Vida da Senhora, entre os índios que o ameaçavam de morte. Não podendo escrever, redigia-o de cabeça e já em verso, e retinha-o na memória. Para um dia podê-lo passar ao papel, a Mãe de Deus assegurou-lhe que não morreria em Iperoig. Veio a escrevê-lo em São Vicente, diz-nos o primeiro biógrafo maior, Pero Rodrigues.[9]

A tradução e a publicação

Na verdade, o jovem refém, ao compor o poema, tinha apenas uma intenção: cumprir sua promessa e alcançar a graça de manter a pureza e a fidelidade. Seus versos nascem da sua incessante oração e lhe oferecem forças para combater desejos contrários a tais virtudes. O Poema da Virgem foi escrito por um combatente com a finalidade de vencer a si mesmo. De fato, é bem provável que o irmão José de Anchieta não tivesse a intenção de escrever uma obra a fim de publicá-la posteriormente.

O Poema à Virgem foi impresso pela primeira vez somente em 1663 por Simão de Vasconcelos nas "Crônicas da Companhia de Jesus do Estado do Brasil". A tradução em português do texto latino do Poema foi realizada pela primeira vez pelo Pe. Armando Cardoso e só foi publicada em 1940. Sobre seu delicadíssimo trabalho de tradução, Cardoso afirma: "O humilde tradutor do Poema de Anchieta, apesar de todos os seus esforços (para que negá-lo?), não conseguiu bastas vezes trasladar para o português a propriedade, a harmonia, a força dos hexâmetros e pentâmetros de Anchieta".[10] A partir dessa tradução, foram feitas várias edições até a década de 90. É a primeira vez, neste milênio, que essa obra é publicada. Assim, agora ela pode ser também conhecida pelas novas gerações.

---

[8] CARDOSO, Armando. Introdução. In: ANCHIETA, José de, *O Poema de Anchieta*, 5. ed. São Paulo, Paulinas, 1996, 23.

[9] *Idem*, 24.

[10] *Idem*, 52.

III – ORAÇÃO DOS VERSOS

Depois de realizar esse prelúdio, resta-nos dizer que não estamos diante somente de um belo poema de Anchieta, mas temos uma preciosa relíquia do Apóstolo do Brasil em nossas mãos. Gerações passadas se alimentaram do valor literário desse poema, da sua riqueza poética, histórica etc. Mas poucos realmente se alimentaram da sua profundidade bíblica, teológica e espiritual. É verdade que esses versos expõem as incríveis qualidades humanas e intelectuais de Anchieta, por isso são estudados com relevante interesse no universo acadêmico. Mas o que motivou Anchieta a compor esse poema não foi o desejo de realizar uma obra literária para a apreciação de intelectuais. Anchieta escreveu esses versos em profunda contemplação e oração. Compôs essa canção de amor para entrar na intimidade de Deus por intermédio da humanidade de Jesus e de Maria. Escreveu essas palavras para manter-se fiel à sua fé e seus valores diante dos ataques contra a sua vida humana e espiritual. Sua arte, neste sentido, torna-se redenção.[11]

Bíblico

Como já dissemos, Anchieta era um jovem de 29 anos quando compôs esse poema e não tinha tido a possibilidade de dedicar-se aos estudos universitários de Teologia. Desde que chegara ao Brasil trabalhava incansavelmente. E, além disso, o jovem vivia em uma época na qual havia escassez de livros, inclusive a Bíblia.

Entretanto, ao termos contato com cada verso, descobrimos que o poema é profundamente bíblico. Por meio de inumeráveis citações e referências da Sagrada Escritura, o leitor faz uma incrível viagem tanto pelo Novo como pelo Antigo Testamento. É impressionante notar o conhecimento que o Apóstolo do Brasil tinha da Bíblia e a propriedade com que realizou paráfrases no poema. O livro bíblico mais citado é o Cântico dos Cânticos, o que faz desta obra uma verdadeira

---

[11] FRANGUELLI, Bruno, *José de Anchieta: Um poeta apaixonado pelo Reino*, Coleção Jesuítas, vol. III. São Paulo, Loyola, 2019, 59.

declaração de amor à Mãe de Deus, como o amado que se dirige a sua amada neste belíssimo relato das Sagradas Escrituras. Esse poema é uma obra de amor à menina de Nazaré, porque ela não temeu as adversidades da sua escolha, deixou-se tocar inteiramente pela graça e, assim, deu-nos a conhecer o Filho de Deus.

Teológico

Um outro aspecto a ser notado é a teologia do poema, que é profundamente patrística. As referências aos santos padres são expressivas. Provavelmente, porque Anchieta tinha o breviário sempre em mãos e, deste modo, acessava os escritos patrísticos. Esta consideração patrística da parte do jesuíta colabora para que o poema possa ser considerado um verdadeiro tratado de Teologia Mariana. Por meio de seus versos, é possível contemplar Anchieta como zeloso defensor das verdades de fé mariana, de acordo com a mais genuína Tradição da Igreja. A defesa da Imaculada Conceição de Maria, por exemplo, já aparece nos versos de Anchieta muito tempo antes de que tal realidade fosse definida como dogma de fé.

É importante também constatar que o Poema à Virgem Mãe de Deus é explicitamente cristocêntrico:

> Peço-te que me dês teu Filho e, com ele, tudo,
> pois ele, do meu coração, é Deus, Senhor e Rei.
> Esta alma enferma só Jesus deseja,
> ele sozinho para mim é tudo (Vv. 5652-5655).

Místico

Enquanto caminhava com os pés descalços nas areias de Iperoig, José de Anchieta fazia uma peregrinação interior através de suas emoções, sua fé e seus sentimentos. Para quem conhece os Exercícios Espirituais de Santo Inácio, rapidamente se identificará com os traços profundamente inacianos de seus versos. Anchieta, como jesuíta, é filho dos Exercícios. É por meio da contemplação dos mistérios de Jesus que o poeta narra uma das maiores riquezas do tesouro espiritual jesuítico: "o discernimento espiritual". Neste sentido, o poema é uma armadura de um combatente que experimenta, dentro e fora de si, diversos movimentos espirituais, e mantém-se fiel ao Rei Eterno a exemplo do sim definitivo de Maria.

Paixão pelo Sagrado Coração de Jesus

Anchieta é o grande precursor daquela que seria mais tarde uma das mais difusas espiritualidades da Igreja: a devoção ao Sagrado Coração de Jesus. O poema que temos em mãos é um hino de amor dedicado ao Amor, por isso mesmo é composto de coração a Coração. É ímpar a beleza e a profundidade espiritual do seu Hino ao Coração Sagrado:

> Ó Coração Sagrado,
> não foi o ferro de uma lança que te abriu,
> mas sim o teu apaixonado amor por nós (Vv. 4471-4473).

> Deixa-me entrar no peito aberto pelo ferro
> e ir morar no Coração de meu Senhor;
> por esta estrada chegarei
> até as entranhas deste amor piedoso;
> aí farei o meu descanso, minha eterna morada (Vv. 4496-4500).

Orar com os versos

Agora, não nos resta outra coisa senão tirar as sandálias dos pés e caminhar ao lado de Anchieta, prestando atenção em cada detalhe dos seus versos. Deixando-nos interpelar por suas palavras, fazendo-as nossas, entrando em profundo diálogo com Deus, com Nossa Senhora e com o próprio Anchieta. E assim, vamos caminhando com ele, deixando também as marcas de nossas pegadas serem cobertas pelas águas do mar. Que não sejamos simples expectadores e não nos contentemos em apenas apreciar a beleza estética dos versos, mas, como ele, rabisquemos nossos sentimentos nas areias e nos deixemos interpelar pelas emoções e sentimentos que estão por vir. Que as palavras do combatente apóstolo nos sirvam de alimento para a nossa, muitas vezes, frágil vida espiritual.

A poeta brasileira Adélia Prado uma vez confessou que, para ela, orar as palavras de um poema ou rezar a oração da Salve-Rainha são a mesma coisa. Então, deixemo-nos guiar pelo poeta Anchieta, por sua sensibilidade, seus medos, suas conquistas e seus sonhos. Assim, nós nos sentiremos mais próximos dele, mais devotos da Mãe de Deus e mais íntimos de seu Filho Jesus.

CANTO I

INFÂNCIA DE MARIA

"Infância de Maria" (século XIV)
Autor: Giotto

EXÓRDIO

1 Cantar ou calar?[1]
Mãe Santíssima de Jesus, os teus louvores
hei de os cantar ou hei de os calar?
A mente alvoroçada
sente-se impelida pelo aguilhão do amor
a oferecer a sua rainha uns versos...
5 Mas receia com a língua impura
decantar tuas glórias:
inúmeras culpas carregam-na de manchas.
Como ousará mundana língua enaltecer
a que encerrou no seio o Onipotente?
Apavorada a pobre mente foge,
a não ser que o teu amor
expulse do coração o medo que o possui.
10 Por que temer o incerto?
Por que há de gelar o peito?
Por que fria se encolherá a língua?
Mas... és tu que me obrigas a cantar:
15 acodes a esforçar-me balbuciante
a revigorar-me a mão tremente.
Oh! Se o amor da Mãe divina me não dobrar,
se à glória da Virgem meus lábios não se abrirem,
que meu coração vença em dureza
20 a pedra, o ferro, o bronze,
o diamante indomável!
Quem me dera encerrar na arca do peito
a tua virginal imagem,
para envolver-te, piedosa Mãe, em chamas!
Sê tu, com o teu Menino,
o único prazer, anseio, amor do meu coração!

---

[1] Para facilitar a compreensão do Poema, optamos por seguir os números dos versos segundo a tradução do Pe. Armando Cardoso, sj.

CONCEIÇÃO DA VIRGEM MARIA

NA MENTE DE DEUS

Antes de lançar com a sua palavra   *Pr 8,22-30*
os mundos pelo espaço,
antes de estender a terra imensa,
já Deus te concebera em sua mente eterna
e te destinara para sua Mãe
na glória da virgindade.
Qual serias, então, aos olhos do divino Pai,
quando surgiu, no universo, o turbilhão dos mundos?
Ainda as ondas do mar sem limites
não rojavam pelas praias,
nem deslizava o rio em curvas caprichosas;
ainda do tremedal fecundo as fontes não brotavam,
nem assentavam sobre as moles gigantescas
os picos alcantilados:
e já te concebia, em sua mente, o Pai supremo,
que tu havias de conceber em teu seio, como Filho,
para purificar o mundo inteiro
das hediondas máculas
e ser eficaz medicina às minhas chagas.
Quem pode dizer a tua formosura, o teu espanto,
se te idolatrou o artífice divino?
Futura salvação, prometida ao primeiro pai,
tu lhe havias de restituir a vida
no casto fruto de tuas entranhas.
Com o letal veneno
Eva nos havia de corromper:
concebida sem mácula,
apresentar-nos-ias tu o antídoto.

CANTO I – INFÂNCIA DE MARIA

Tremeu, ao nome da segunda mulher,
45 a astuta serpente,
que enredara em seus laços a primeira.

A IMACULADA

Concebida em seio materno, como todos nós,
só tu, ó Virgem, foste livre do labéu
que mancha os outros todos,
e esmagas ao calcanhar
a cabeça do enroscado dragão,
50 retendo sob as plantas sua fronte humilhada.
Toda bela de alvura e luz,   *Ct 4,7*
não houve sombra em ti, doce amiga de Deus!
Jamais se estampou em teu peito a mancha do crime:
nódoa alguma, por mínima que fosse,
empanou jamais tua beleza.
55 Ó formosura sem par,
nimbada pelo brilho das virtudes,
puderas ofuscar toda a beleza angélica!
A tua imagem bela
grava, ó Virgem Imaculada, em nosso peito,
e que essa formosura o meu olhar atraía!
60 Foi esta imagem o enlevo dos profetas
que te decantaram nos seus versos.
Designaram-te sob variados símbolos,
suspirando longamente
porque teu Filho lhe trouxeste a salvação.
Oh! quanto desejaram, graciosa Virgem,
contemplar os teus olhos
no esplendor do firmamento rutilante!
65 Quanto quiseram, a teus pés, sorver a inspiração,
a suave melodia que jorrava de teus lábios!

A PRIMEIRA ALEGRIA

Felizes, pois, os pais que te geraram
e que do alto souberam de teu nascimento!
Ó afortunado Joaquim,
que geraste de teu sangue a Virgem,[2]
70 que geraria o Filho de Deus!
Ana, afortunada mãe,
que trouxestes nas entranhas essa Virgem,
que em seu seio acomodaria o próprio Deus!
Ó suavíssima carga do materno seio,
querido penhor do pai, leve fardo da mãe!
75 Fazendo das entranhas maternas tua morada,
começas já a abrir do céu as portas,
a nenhum dos antigos franqueadas.
Com razão o exército dos anjos, santa menina,
já se prepara para levar-te ao berço
mil congratulações.
Com razão fazem retumbar com novos hinos
80 as abóbadas celestes
por te verem, sem mancha, concebida.
Por ti se delirá a culpa dos primeiros pais,
que legou a marca da ignomínia
à pobre raça humana.
Por ti, em grande número,
despiremos os farrapos de mortais
e seremos contados entre os coros celestes.
85 Rejubile o firmamento!
Sem maldição alguma,
o palácio de Deus na terra se constrói:
sim, rejubile o firmamento!

---

[2] São João Damasceno, Orat. *I De Virg. M. Nativ.*

DERROTA DO INFERNO

Chore o inferno voraz!
Na Virgem, ora concebida, não há mancha.
Sim, chore o inferno voraz!
E tu abaixa a sanguinolenta fronte,
hedionda serpente.
90 No bojo comprimido te lateje a cauda vencida!
Esconde, soberbo monstro, no enroscado corpo a fronte,
retrai a cerviz, esconde-a soberbo monstro!
Eis que vem a mulher,
aquela mulher mais forte do que o homem,
a que há de romper teus insidiosos laços.
95 Por que cantas vitória, miserável?
Por ter, outrora, a primeira mulher
metido em tua rede os pés incautos?
De que te alegras, malvado?
De ter ela levado o esposo
a conspurcar inteira a geração humana?
Eis que da carne do primeiro homem
brota, agora, uma Virgem,
100 que, única entre todos, desconhece este crime!
Isenta do ferrete, livre da maldição antiga,
foi a única a esquivar-se aos teus laços.
Ela, implacável,
sustentará, contra ti e contra a tua raça,
medonha e crua guerra.   *Gn 3,15.*
105 E tu, perverso monstro,
varrendo o solo com o peito infeccionado,
acometerás, de rojo, seu calcanhar de neve,
para abrir, sangrentamente, em sua carne,
essa chaga mortal
e vomitar, com os venenosos dentes,
o veneno que mata.

Ela, porém, esmagando-te,
não será sequer bafejada pelo hálito sinistro,
nem roçada pelos dentes sanguinosos.
Com as plantas vitoriosas
te comprimirá a cerviz altiva,
te esmagará e arrancará a cabeça.
Tremam os sombrios infernos!
A Virgem derrubará cavalo e cavaleiro: *Êx 15,1*
tremam os sombrios infernos!

A ALEGRIA DO MUNDO

Exulte à conceição de tão nobre princesa
a Terra inteira, que gemeu
sob o céu indignado tanto tempo!
Eis que voltou aquele esplendor do alto,
aquele suave aspecto,
anuviado pela culpa do primeiro homem.
Rasgaram-se os nimbos, sorriram os pórticos do céu,
e o firmamento aplacado
mostrou, de novo, seu festivo rosto.
A tua conceição, ditosa Virgem,
por mimo do Senhor,
para iluminar o céu, é luz celeste,
para purificar a Terra impura,
pura aparece de qualquer mancha,
conserva a glória da justiça original.
E a dor e a causa de dor tão longa, o crime,
lançam-se em fuga vertiginosa, à tua vinda.
Com razão se alegra o céu,
ao ser concebida a digníssima princesa,
que, ao depois, dará à luz o seu Senhor.
Com razão se alegra a Terra,
porque, nascida embora do nosso barro,

CANTO I – INFÂNCIA DE MARIA

130 serás a glória, a luz e a formosura
do firmamento estrelado.
Congratula-se com a Terra, o mar, com o mar, o céu,
com suas criaturas, o próprio Criador.

A ALEGRIA DO CRIADOR

De infinita alegria exulta o sumo artista,
ao mirar a maravilha de suas mãos.
135 Ao contemplar a ondulação inquieta do oceano,
e, a brincar pelos caminhos do mar,
os variados monstros;
ao ver a Terra imóvel
com a carga dos mundos ao ombro,
e, ao colo, com quanto alimenta em seu materno seio;
ao dispor em harmonia majestosa
o turbilhão dos astros,
140 habitados por infinita floração de anjos;
se, com a obra acabada, que à sua voz surgiu,
o arquiteto destas maravilhas se extasia.
Tu, ó formosa menina,
és, sob todos os aspectos, para o Pai supremo,
a mais transbordante fonte de alegria.
145 Ele exulta, afagando sobre o peito imutável,
a glória de ter te plasmado imaculada.
O artista burilou, até a perfeição,
esta obra predileta de seu braço,
e antepôs às mais.
Nem a Terra, nem o céu podem competir contigo:
150 ante a tua formosura
se inclina Terra e céu.
Anda enleiada a multidão dos anjos,
no singular fulgor da mulher nova
que reluz do materno seio.

Se a natureza te modelou pequenina,
divina graça te tornou imensa.
155   Ó maravilha, ó nobre criação
da destra divinal,
ó morada mais grandiosa que o universo!

ESPERANÇA DO PECADOR

Quando a tua conceição ao mundo inteiro alegra,
por que só eu viverei privado de alegria?
Talvez, porque sombrias faltas me afeiam o coração,
160   que geme à vista de suas asquerosidades?
Talvez, porque o lodo odeia a pureza,
como as trevas a luz,
e a virtude para o coração perverso
é sempre uma aspereza?
Talvez, porque os olhos impudicos se subtraem
ao semblante casto
e a luz da virgindade atormenta os impuros?
165   É a verdade, confesso-o,
e ela seria capaz de mergulhar no abismo
a pobre alma com tanta carga de tristeza,
se tua bondade não viesse dilatar-me
o peito acabrunhado,
se meu coração fosse um órfão
fugindo ao teu seio materno.
A tua luz desbarata as trevas,
a tua pureza purifica o lodo,
170   a tua virtude afugenta o crime.
Seguirei, impuro, a tua pureza:
meu coração se unirá ao teu
para despojar os andrajos do pecado.
Mas o que foi concebido no lodo desta Terra   *Jo 14,4*
quem o purificará?

CANTO I – INFÂNCIA DE MARIA

Quem, em torrente cristalina, há de lavar
uma mancha maldita?
175 Acaso não será só a tua pureza
que há de conseguir, imaculada Virgem,
única liberta do mal hereditário.
Cúmplice envilecido do paterno crime,
eis que trago do seio de minha própria mãe
a raiz da iniquidade.
Na voragem do lodo imundo mergulhada,
180 a vida me apodrece corroída por seus males.
Tu, fonte cristalina de pureza,
terror da maldade,
banha-me o coração nas torrentes da vida.

TESOURO DO JUSTO

Bem-aventurados aqueles,
cujo peito e aspirações todas vai devorando
o fogo do teu amor!
185 Bem-aventurado quem,
na solidão bendita de uma noite serena,
de tanto te amar, em ti medita,
e de tanto meditar, mais te ama!
Bem-aventurado quem   *Pr 8,34*
se assenta ao limiar de tua virgindade
e vigia, de contínuo, às tuas portas.
Quem no peito amante
revolve as altas glórias de tua conceição,
190 que é a porta de ouro de tua vida.
Ele experimentará
o carinho inefável do teu amor
e envolverá num corpo casto uma alma pura.
No peito do Senhor
há de sorver verdadeira salvação,   *Pr 8,35*

há de achar em teus mimos o tesouro da vida.

195 Ó amor, ó bondade imensurável do Pai supremo,
que te cinzelou com sua destra, como um lavor celeste.
Exalte ao Senhor o céu,
para quem tão bela joia se prepara,
e com lábios agradecidos descante em novos hinos!
Louve-o, também, a Terra,
por tão feliz presente venturosa,

200 pois gera, num só bem, todos os bens!
Também a minha alma
reverente te adora, ó Pai celeste,
e, com a pequenina Virgem, o meu amor te exalta!
Oh! formosura,
da nossa estirpe glória encantadora,
resplendor de modéstia, candor de pureza!

CONTRIÇÃO AOS PÉS DA VIRGEM

205 Ai de mim! por que é que eu, cego de vil amor[3]
à minha imundície,
te desprezei, ó mimo da Criação?
Por que se não renderam a tanta luz meus olhos?
Por que tanta fragrância me não inebriou o coração?
Oh! Infeliz de mim!
Requeimei o viço de minha carne e de minha alma,

210 riquezas com que o Pai celeste me prendara.
E, ausentando-me para longe,
abandonei pai e mãe,

---

[3] Pe. Armando Cardoso, sj (1906-2002) comenta este trecho chamando a atenção para uma autêntica interpretação que deve ser feita destes versos, ou seja, que não se devem levar ao pé da letra estas expressões de humildade do jovem castíssimo que foi Anchieta. Segundo ele, os santos exageram ao falar de suas pequeninas faltas. Além disso, falando em primeira pessoa, o santo poeta pretende comover o pecador. Neste sentido, tais expressões possuem um caráter catequético. Esta deve ser a chave de leitura para interpretar corretamente também os versos 633; 2197; 3195 e principalmente os versos 3449 e 4227.

CANTO I – INFÂNCIA DE MARIA

lançando minhas obras contra ti, contra Deus!
Agora, enfim, regresso
à procura de meu pai, de minha mãe,
e espero com teus méritos
encontrar a ti e encontrar a Deus.

215 Permite que, infeliz, me prostre aos teus umbrais,
Não cerres, duramente, a porta às minhas súplicas.
Deixa que, aqui, passe inteiras as noites,
que, aqui, chore inteiros os dias!
A meu peito seja tua conceição casto prazer,

220 delícias, descanso, êxtase de amor!
Purifique-me, contemplando-a, revolvendo-a
na mente agradecida:
fujam dela as impuras imagens de outrora.
Derrotará ao sujo amor teu casto amor,
embalsar-me-á tua fragrância
o mau hábito do peito.

225 Ó Virgem carinhosa, tu que acolhes
os amantes da nívea castidade,
aprendida na escola do teu exemplo,
se a ti, eu, com o coração manchado,
me voltei já tarde,
quando as mãos me pousaste a afagar-me
sobre a alma semimorta,
não deixes de aquentar-me com o ardor de teu peito,
para que a chama desta carne

230 arrefeça, vencida por teu fogo,
e reflita, sem sombra,
a castidade que te consagrei um dia,
conservando sempre fiel meu juramento.[4]

---

[4] Referência ao voto de castidade feito ainda na adolescência por Anchieta e que depois foi confirmado na sua profissão religiosa como membro da Companhia de Jesus.

COLÓQUIO AMOROSO

Ouves, ou eu me engano,
ouves o murmúrio incerto de minha voz tremente?
Ou, vida adormecida,
jazes sob o véu do seio maternal?
235 Talvez que fértil de impureza, prenhe de vícios,
minha alma obstruiu os teus ouvidos...
Oh! Temo sem motivo...
para longe vãos temores!
Não me engana a suave imagem desta mãe bondosa.
Eu sempre assim te conheci, ó mansíssima,
240 a bondade de tua índole achei-a sempre igual.
Inda que a fresca noite
deixasse de destilar o brando orvalho
e de soltar sua água as nuvens carregadas;
inda que as fontes límpidas
negassem seus muito doces cálices
nem fosse transparente
a linfa do regato que desliza:
245 jamais tuas entranhas
deixariam de verter torrenciais de amor,
jamais se secariam teus largos rios de doçura!
Oxalá me incendeie todo inteiro
em fornalha infinita
o doce amor de teu amor!

NASCIMENTO DA BEM-AVENTURADA VIRGEM MARIA

A ALVORADA DA REDENÇÃO

Que novo luzeiro palpita na abóbada estrelada? *Ct 7,9*
250 Que novo esplendor aclara as regiões da aurora?
Que novo fogo relampeja nas profundezas do céu?
Que nova chama cintila de insólito fulgor?
Que nova luz derrama seus raios pelo mundo em trevas?
Que nova luz nascente desperta os olhos meus?
255 Eis que desponta um clarão mais intenso,
aurora mais radiante rompe os altos montes,
rutila nos alcantis um astro mais fulgente!
Fulge com mais rubor
a aurora cor de rosa,
tingindo com raios de ouro os seus cabelos.
O admirável cortejo, hoje, avança mais belo
em seu véu arruivado,
260 faiscando veloz em seus carros de fogo.
Mas eu, que faço eu, ainda a principiar?
Essa nova luz
afundou-me nas trevas os olhos, enganou-me
com seu intenso brilho.
É que agora, onde nenhuma luz havia,
se alteia uma lâmpada
mais fúlgida que o Sol.[5]
265 Desde as primeiras origens deste mundo,
a caterva infernal tudo cobrira

---

[5] Ideia provavelmente extraída de São Cirilo de Alexandria, na Homilia contra Nestório, extraída de Ct 8,6.

com o véu da confusão.

A noite tudo dominava com pavor sombrio,
tudo mergulhara em horrorosas escuridões.
Nenhuma aurora conseguira
expulsar as trevas que pairavam sobre o mundo
270 e afugentar os escuros corséis da noite.
Eis, porém, que a Terra envolta em sombras,
contempla, nas dobras serenas do céu,
o primeiro clarão da luz desterrada.
Esta estrela de novas cintilações envia
a luz diurna que põe termo às trevas da noite.
275 Bela entre as mais belas,
ela precede a deslumbrante claridade,
e, majestosa, anuncia o Sol do dia eterno.
Esta é a estrela
que se desprendeu da estirpe de Jacó[6]
e não há de sofrer a influência das trevas.
Porventura, ó minha alma,
ainda te queres engolfar em escuras sombras?
280 Ainda sobre os olhos te pesará a noite eterna?

A ESPERANÇA NASCIDA

Contempla! Ei-la que nasce
essa menina de beleza encantadora
cujo olhar clareia o mundo em trevas afundado.
Mal teus olhos tocar com sua chama luzente,
de uma vez para sempre
guarda impresso o seu meigo semblante.
285 Se privilegiado te deleitares em seu amor,
privilegiado te acalentará o mesmo amor.
Sua honra verdadeira te conquistará,

---

[6] Nm 24,17. Tal profecia também é aplicada a Nossa Senhora, por São Bernardo (Hom. 2ª *Super Missus*).

CANTO I – INFÂNCIA DE MARIA

libertando-te da tua ignomínia.
Esta, se não o sabes, é a glória nova do universo,
290 grande fulgor da Terra, grande esplendor do Céu.
É a nobreza nova dos desonrados avós
que nos restituiu o tesouro perdido pelo pecado.
Ela expurge a maldição lançada aos primeiros pais
e apaga toda a infâmia da sua descendência.

OS PAIS JUNTO AO BERÇO

295 Ao seu nascer cessaram as antigas discórdias:
estancou, em teu peito, a dor, ó Joaquim,
em tuas faces, as lágrimas, ó Ana!
Já, agora, irás, ó venerando ancião,
sem repulsa alguma, ao templo do Senhor,[7]
ofertar-lhe os teus dons.
Já não irás ao redil para abismar-te, em prantos,
300 nem guiarás choroso aos pastos o rebanho.
A filha que há de gerar, no mundo, o eterno gáudio,
nasce para marco final de tua amargura.
Esta filha te tornará o pai
mais fecundo entre os fecundos,
305 mais feliz entre os felizes.
Esta joia, ó Ana, te tornará a mãe
mais fecunda entre as fecundas,
mais feliz entre as felizes.
Sim! Feliz sorte de felizes pais,
a quem o Onipotente revestiu
de tão excelsa honra!

---

[7] Referente a uma tradição antiga sobre a vida de São Joaquim na qual relata que, indo ele oferecer seus dons ao Templo, fora repelido pelo sacerdote, por não ter filhos, e ser, portanto, um amaldiçoado de Deus. O pobre ancião, entre lágrimas, retirou-se para a solidão com suas ovelhas e aí permaneceu seis meses, até que um anjo o consolou com a promessa de uma filha (cf. *Vita Christi*, de Ludolfo de Saxônia, livro clássico da Idade Média e Renascença, apreciado por Anchieta).

Feliz paciência que venceu o tempo,
310 vindo, como terra fértil, a produzir tal fruto!
Feliz vida tão mansa e livre de discórdia,
que recebeu da mão todo-poderosa
tão doce recompensa![8]
Ó feliz piedade,
generosa para com o Templo e os pobrezinhos,
cumulada, agora, com tão belo tesouro!
315 Felizes lágrimas,
que tão formosamente se estancaram!
Feliz sofrimento, que acabou em tanto gozo!
Alegra-te, ó Joaquim!
Essa tua filha, um dia, Mãe de Deus,
te tornará o maior de todos os avós!
Rejubila, ó Ana!
Tua filha, guardando intata a virgindade,
320 te dará por neto o próprio Deus!

E EU... QUE FAÇO?

Oh! Insensato! Que paixão me arrasta?
Que torvelinho me arrebata?
Para onde me levam tão cegamente os pés?
Por que vagueais, olhos meus,
e não descansais no rosto da Virgem,
mais rosado que as rubicundas rosas?
Por que não vos prendem
325 os olhos formosos da Virgem recém-nascida,
mais claros que a luz do Sol?
Engano-me? Ou já vagidos me feriram os ouvidos?
Que viração me trouxe tão suaves melodias?

---

[8] Alusão às esmolas de São Joaquim e Santa Ana. Segundo uma piedosa tradição, repartiam seus lucros em três partes: uma para o seu sustento, outra para o Templo e outra para os pobres (cf. *Vita Christi*, c.II, da Encarnação).

CANTO I – INFÂNCIA DE MARIA

41

330 Engano-me? Ou já me soou o nome de Maria,
ecoando no Céu, na Terra e no inferno?
Respeitosas as estrelas
se inclinam ao nome terno desta Virgem.
Respeitosa a Terra ouve-o com carinho.
O exército infernal treme a este som terrível,
e a serpente maligna some-se no abismo.
335 Ó nome todo mel de celestial doçura!
Ó nome maravilhosamente doce, Maria!
Se me permites, preso de teu amor,
levarei a teu berço, ó Virgem, o presente
destes meus pobres cantos:

BELEZA, FORÇA E GLÓRIA

340 Salve, ó Maria! Adorna-te beleza tão divina,
que teu esplendor sobrepuja o dos coros angélicos.
Salve, ó Maria! Teu humano semblante é tão nobre
que sua formosura vence todas as belezas terrenas.
Tu hás de restaurar o firmamento,
restituindo aos céus a primeira firmeza.[9]
345 Apoiada na força invencível de teu Filho,
repararás, com a nossa gente, a ruína dos anjos.
Teu seio virginal nos dará o Filho de Deus,
única salvação do mundo derrocado.
Salve, ó mulher forte, que, após tantos séculos, *Pr 31,10*
350 foste, enfim, encontrada.
Salve, sim, ó mulher forte!
Ó cidade, monumento trabalhoso
do braço do Senhor!

---

[9] A queda dos anjos deixou vazios muitos tronos no Céu: enfraqueceu a harmonia celeste. Os homens, pela morte do Redentor e pelos méritos de Maria, adquirem, pelas boas obras, direito a esses tronos, restaurando, assim, as ruínas celestes. A mesma ideia, de modo semelhante, encontra-se em Santo André Cretense (Hom. in Nat. B.M.V.).

Casa, que hás de hospedar teu próprio artífice!
Ó novo rebento,
dom precioso da divina destra,
bem merecido de Joaquim e Ana!
355 Nasces, ó Virgem, de sangue ilustre de ilustres reis,
mas a natureza celeste supera em ti a humana.
Não és feliz por nasceres de estirpe régia,
nem tua glória, ó Virgem, deriva de teus pais.
Eles é que são felizes, porque geraram
uma tão grande filha:
360 de tua glória é que decorre a glória.

PELAS LETRAS DO ALFABETO[10]

A

Se bem considero, tu, ó santa virgenzinha,
és a *Árvore da vida*,   *Lc 13,19*
fértil de frutos eternos,
cujas raízes se escondem nas entranhas da terra,
cujas franças sublimes chegam às estrelas do céu,
365 cujos braços sombreiam o nascente e o poente,
e tudo abrigam, de um ao outro polo.
Sob tuas ramagens, proteges tudo o que respira:
amam tua sombra os homens,
amam-na as próprias feras.
Aos bons tu dás a sombra de tua paz,
370 e aos maus, que se achegam, não negas teu frescor.
Eis que de contínuo me abrasa o fogo das paixões.
Em tuas largas ramagens,
acolhe-me, ó árvore, toda amenidade!
Oxalá possa eu, qual celeste avezinha,
desferir, radiante, nos teus ramos,

---

[10] Dispor ideias por ordem alfabética é um recurso poético que já se encontra nos Salmos e em
Jeremias, dispostos pelas letras hebraicas "Aleph, Beth, Ghimel, Daleth..."

CANTO I – INFÂNCIA DE MARIA

trinados divinos,
375 quais soltam, em inesgotável melodia,
os que teu amor incendeia
na fornalha do coração.
São esses que tanto gostam de sondar
os abismos de tuas virtudes,
medindo os passos pelos teus vestígios.

B

Tu és o *Báculo*,
que susténs as débeis forças   *Sl 22,4 ou Tb 104*
380 e não deixa cair, no laço, os pés vacilantes.
Não tema a desgraça quem em ti se apoia e firma,
quem confia, à tua guarda, corpo e alma.
Olha como todo se esvai o meu vigor,
como os joelhos fracos me vacilam!
Estende-me teu braço
para que estes pés trementes não resvalem.

C

385 Tu és a *Colina*   *Ct 4,6*
onde a selva destila o perfume em torrentes,
onde o cheiroso incenso, do tronco, lacrimeja.
Este odor refocila os vivos e restitui, à vida,
os que arrebatou a morte inexorável.
Ele sarou minha alma
390 corroída de odores infernais
e levantou meu rosto do lodaçal infecto.   *Jo 4,14*

D

És o *Depósito de água viva*,
donde decorrem, para todo o mundo,
os canais da divina fonte.
Como de manancial inesgotável,
de ti deriva o celeste e transbordante arroio,

que pelos campos estéreis se derrama.

395 Mergulha-me, eu te rogo, nestas águas vitais,
para que o fogo infernal não me torre as entranhas.

E

És a verdadeira *Efígie*,   *Sb 7,26*
és o retrato da divina formosura,
cujo esplendor eterno refulge em teu semblante.
Nela, como em terso espelho, se refletem
400 a perfeição, a inteligência, as virtudes todas
do Ser onipotente.
Imprime em nosso coração, ó Imaculada,
a formosa imagem de tua vida casta!

F

És o *Fogo celeste*,   *2Rs 22,13*
que carbonizas, com chama veloz, os nossos crimes
e abrasas, no inferno, a Lúcifer vencido.
405 O teu nome, ó Virgem,
desbarata, a terra e precipita no abismo
as cortes do mal.
Teu nome, ó Maria, ao desencadear-se a guerra,
ser-me-á raio que prostra, dardo que fulmina.

G

És a *Gema da pérola*[11,]   *Mt 13,55*
que vences, em fulgor, os afogueados rubis
410 e faz relampejar o áureo palácio de Deus.
És a joia fulgente, que não tem preço.
Toda a sua beleza haurem de ti o Céu e a Terra.
Tu bordas de reflexos deslumbrantes
os corações que te amam
e os fazes dignos do olhar dadivoso de Deus.

---

[11] São Cirilo de Alexandria já havia aplicado esta figura a Nossa Senhora em sua homilia contra Nestório.

CANTO I – INFÂNCIA DE MARIA

I

415 Tu és a *Infusa*,   *1Rs 17,16*
que derramas torrentes de óleo benéfico
e enches de substancioso licor todos os vasos.
Com ele paga o triste devedor as suas dívidas,
dele tira com que viver eternamente.
Tornas-me rijos, para a luta, os membros enfermiços,
420 ungindo-os com o óleo da piedade.

J[12]

Tu és o *Jáculo*,   *Ct 4,9*
que nos cravas amorosamente o peito
e nos rasgas o coração para o sarar.
Rompes a muralha da nossa fronte,
abrindo largas brechas só com teu olhar.
425 Quem tu fixares com os pequeninos olhos,
cheios de mansidão,
gemerá para logo, trespassado pela espada.

L

Tu és a *Lua*,   *Ct 6,10 ou Eclo 43,6a*
cujo resplendor desconhece fases,
enchendo perpetuamente o disco fulgurante.
Tu luzes para os que andam em trevas,
430 iluminando-os, como dia, na escuridão da noite.
Quem medir os passos pela tua luz
estará contente, ao descambar da vida.

M

Tu és o *Mar imenso*,   *Gn 1,10-20*
maior que o imenso abismo, escondes em teu seio
exércitos inumeráveis.

---

[12] Anchieta omite a letra J que, para os latinos, não se distinguia de I. Na tradução, Armando Cardoso prefere omitir a letra H.

46   SÃO JOSÉ DE ANCHIETA

435 Vagueiam, entre os peixinhos, os grandes cetáceos
e todos vivem seguros sob o manto que os cobre.
Aos teus domínios, os bons se acolhem, e os próprios maus,
quando suplicam a tua misericórdia,
não os repeles.

N

Tu és a *Nau*.   *Pr 31,14*
que nenhuma vaga do oceano arrasta,
440 que nenhum turbilhão dos ares despedaça.
Em teu convés perfaz o navegante
tranquila rota
e pisa, com alvoroço, o litoral da Pátria.

O

Tu és o *Obstáculo*.   *Br 6,17*
Tu cerras as portas do santuário,
para que os touros indômitos não profanem
os sagrados altares.
445 A ti não forçarão jamais nem as portas do inferno
nem, com deslumbramentos, o pérfido heresiarca.
Fecha-nos, ó Mãe, com robustos ferrolhos,
as entradas do coração,
para que só a Deus fiquem patentes.

P

Tu és o *Porto tranquilo*,
a enseada segura dos navios,
450 batidos pela fúria do mar enlouquecido.
Eis que a minha barquinha,
a braços com medonha tempestade,
a ti se acolhe já ao pôr do sol,
com o remeiro alquebrado.
Agora que o mármore do mar se eriça contra os ventos   *Mt 14,30-31*
estende-me a tua mão, Virgem bondosa,

CANTO I – INFÂNCIA DE MARIA

para que não pereça.

Q

455 És a *Quadriga de Deus,*　　　　　　　　　　　　　*Is 66,15*
que, incitada do justo furor divino,
esmagas entre as rodas as falanges inimigas.　　*Eclo 50,8; Ct 2,2*
Com o escudo da fortaleza,
com o raio da irada justiça,
sepulta os exércitos que se erguem contra mim.

R

Tu és a *Rosa,*　　　　　　　　　　　　　　　　　*Ct 2,1*
que, entre espinhos, nasceste sem um risco,
460 no esplendor eterno da eterna primavera.
Não te machuca o inverno, com seu frio de agulha
nem te murcha o estio, com um Sol de brasas.
Tua floração perpétua,
que há de consolar nossos primeiros pais,
ornará, sempre nova, seus últimos descendentes.

S

465 Tu és o *Selo, Sinal, Sol, Seta, Salvação*[13]
da justiça, da fé, da luz, do amor, da Terra!
Imprime, Ó Mãe, tua justiça;
como sinal da fé comanda os arraiais que pelejam;
derrama as riquezas da eterna luz;
asseteia-me o peito do divino amor
e mostra ao mundo, no Templo do Senhor,
470 o caminho da salvação!

T

És o *Teto protetor*　　　　　　　　　　　　*Eclo 14,27; Gn 3,21*

---

[13] Com esse modo de utilizar estas diversas palavras iniciadas com a letra s, o poeta dá a entender, já quase no fim da série, que teria muito mais a cantar. Para conservar a beleza deste surto poético, o tradutor sentiu-se obrigado a pôr palavras que não traduzem as mesmas ideias, as quais, no texto original são: Espelho, Sinal, Astro, Estímulo, Salvação.

contra o calor do Sol causticante,
contra o gelo do inverno e o frio da neve;
o Tecido de folhas
em que Adão esconderá sua ignomínia
e nossa mãe Eva cobrirá a vergonha do seu pecado.

475 Em ti, minha alma e corpo esfarrapados
acharão trigo
e se tornarão agradáveis ao Criador.

V[14]

Tu és a *Vara*.   *Is 11,1*
que germinou da raiz de Jessé,
vara isenta de nós, vara isenta de asperezas.
Os nós são o ferrete do primeiro pecado
que tu não herdaste,
480 as asperezas são as culpas próprias que não tens.
Fazendo dessa vara açoite, vergastarás
o tirano infernal
e o expulsarás da casa mal havida.
Também a teus filhos
tu castigas com golpes compassivos
e, depois, os acalentas com teu materno amor.
485 Ó vara piedosa,   *Pr 10,13*
inclina-te frequentemente sobre meu dorso:
ser-me-á doce suportar os golpes de tua mão.
Fere-me, não me perdoes:
estão a pedir castigos minhas culpas...
Fere-me, não me perdoes: todo contente sofrerei!
490 Se aos teus prediletos mais feres quanto mais amas,
fere-me sem medo,
para que eu seja teu, sem restrição!
Bate-me! não temo sucumbir sob esta vara:

---

[14] Anchieta omite a letra U que, para os latinos, se confunde com a V. Omite, ainda, as restantes letras do alfabeto, por serem raras e mais gregas do que latinas, exceto a letra Z que aparece no v. 539, para fechar a série.

CANTO I – INFÂNCIA DE MARIA

jamais alguém recebeu a morte de tua mão.
Tu castigas curando e curas castigando:
de tuas mãos se escoa a vida pelos membros mortos.
495 Ó vara sagrada, crescerás, sem medida,
até tocar os astros com a porta intata!

A FESTA DO NASCIMENTO

Exultai, ó céus! Jubilai, ó colinas eternas!
Sussurrai, ó campos esmaltados de estrelas!
Apressai-vos, ó coros angélicos!
Ministros do Onipotente, oh! Apressai-vos!
500 Pela escada que vai da Terra ao Céu,
oh! Descei e subi sem descansar.
Com alegres festas
celebrai a pequena recém-nascida,
forrando de cantares o berço imaculado.
Ela vem para reparar vossas antigas ruínas,
preenchendo com glória os tronos desocupados.
505 Derramai-lhe perfumes no bercinho
e bordai-lhe o fofo leito de rosa purpurinas.
Distilai-lhe nos tenros membros preciosas essências
e estrelai-lhe de pérolas a fronte de rainha.
Recamai de flores belas o regaço de Ana,
510 em que se empala a Virgem,
docemente adormecida.

O DOCE OFÍCIO DE MÃE

Ó peso venturoso e sem moléstia alguma,
que repousa, mão ditosa, nos teus braços!
Este fardo não te pesou no seio,
nem tristeza ou dor sentiste ao dá-lo ao mundo.

515 E com razão,
a que vinha desterrar do mundo as dores,
podia causar-te, por ventura,
o menor dano, a mínima tristeza?
Ao feliz a felicidade!
A uma conceição sem mácula, um nascimento sem dor.
Envolver-lhe amorosamente os membros delicados,
520 apertá-los com ternura nos teus braços,
beijar-lhe, longamente, essas maçãs rosadas,
aquentar-lhe os labiozinhos em teus lábios de mãe,
meter-lhe na boca, deleitosamente,
o botão florido do peito,
matando-lhe a fome e matando-lhe a sede,
525 acalentá-la ao som de improvisada nênia,
enquanto o filete de neve lhe escorre pelos lábios:
tudo isto é uma doçura,
doçura desta filha,
que a teu peito possui mais que tu mesma.

ÚLTIMO CONVITE

Aproximai-vos quantos caminhais gemendo
sob o peso do pecado,
530 que vos verga ao abismo.
Esta pequenina dará à luz Redentor
que, destruindo o pecado,
arrojará dos nossos ombros a carga insuportável.
Achegai-vos, meninos! Achegai-vos, ó jovens!
Um presentinho, ó homens! Um mimo, ó anciãos!
535 Correi quantos, através de sendas difíceis,
procurais atingir
o píncaro nevado da pureza.
Ela vos mostrará
o caminho bem trilhado de virgindade

CANTO I – INFÂNCIA DE MARIA

que nos conduz, suavemente,
ao monte da eterna brancura.
Ó Senhora, ó Virgem, faixa de luzente pureza,
540   os que tu amarras, ninguém os pode desatar.
Aperta-me o peito com o laço de castidade
e cinge-me os rins com as tuas cadeias!

ADEUS AO BERÇO

Recebe, ó belíssima Virgem, os versos
que em teu berço depõe
este pobre mendigo, este enjeitado.
545   Para teu nascimento, meu amor tecera
mais numerosas grinaldas de lírios e rosas.
Reservo-as, porém, para quando fores Mãe,
para quando, em teu regaço, dormir o próprio Deus.
Entretanto, irás sorvendo
da fonte nívea do materno peito,
550   e acostumando às papinhas os dentes que despertam.
Assim crescerás até que fores conduzida
ao templo do Senhor:
grande honra, nobre encargo, excelsa glória!
Sustenta-me a mim também com tua graça
a fim de que, em meu peito, se avolume
a fornalha de amor tão belo!

APRESENTAÇÃO DA VIRGEM MARIA

SACRIFÍCIO NOVO

555 Como um fio de branca fumaça rescendente,[15]   *Ct 3,6*
a Virgem se apresenta,
e o grato perfume se eleva até ao alto dos céus.
Abre, ó ostiário, a grande porta do sagrado templo,
fá-la girar em seus dourados gonzos.
Corre a cortina do Santuário, ó sumo sacerdote,
560 para que, sobre a chama, Joaquim e Ana
deitem seu incenso.
Prostrados ante o altar divino, adorem,
entre os odores do piedoso sacrifício,
A majestade suprema do Senhor.
Possuidores deste incenso novo, não mancharão,
com sangue de touros, os átrios sacrossantos:
não queimarão, na pira, ensanguentadas postas.
565 Não aplacarão a Deus com o sangue de cabritos,
nem tombará, ante as portas de bronze, a cordeirinha.
Inda que o onipotente criou e rege com seu braço
as bestas que vagueiam pelos montes,
os hercúleos bois que pastam nas campinas
e as feras bravias
570 protegidas pela sombra espessa das florestas,
e os pássaros do céu
e os rebanhos que se vestem de lã,
os cereais floridos
e os prados atapetados de flores mimosas,
nenhuma destas vítimas

---

[15] Anchieta segue, neste trecho, os Santos Padres e a Tradição. Santo Epifânio afirma que Maria foi apresentada aos três anos.

CANTO I – INFÂNCIA DE MARIA

poderá aplacar o Céu irado,
nem o santo ancião prepara tais sacrifícios.
575 Mas dignos louvores lhe brotarão do íntimo peito,[16]
cumprindo o voto que ao Senhor fizera,
quando arrastava amargurada existência,
sem o prazer de um filho,
e como opróbrio de um amaldiçoado.
Mas hoje, feliz, seu felicíssimo penhor
eis que vem depositar:
580 rico de riquíssimo tesouro ele vem
apresentá-lo ao altar.

SACRIFÍCIO PRECIOSO

Do Senhor recebeu Maria, ao Senhor
vem hoje restituí-la:
com tal oferta, o templo aumenta em majestade,
Ela vence, em perfume,
as tenras espigas do nardo desabrochado,   *Ct 3,6–4,14*
o gálbano, o incenso, a mirra e o bálsamo.
585 Ela dará ao mundo o cordeiro inocente,   *Jo 1,29*
que expungirá nossos crimes,
vítima que remirá todos os réus
com um só sacrifício.
Logo que ele sucumbir sob o cutelo cruel,
cessará a matança das vítimas bovinas.
Ele apagará nossas antigas manchas,
590 lavando-as em seu sangue
mais cristalino que a cristalina fonte.
Uma só vez será imolado esse cordeiro manso
e da sagrada ara seu sangue eternamente
jorrará sobre toda a humanidade.

---

[16] Segundo a Tradição, Joaquim e Ana tinham feito voto de oferecer ao serviço do Templo o filho que Deus concedesse à sua esterilidade.

SACRIFÍCIO BELO

Vem, pois, ó Virgenzinha, venturosa oferta!
Abram-se a teus passos os pórticos do templo.
Adianta-te, ó rainha: deixa o lar paterno!   *Sl 44,11*
Suspira por ti o palácio de teu Pai celeste.
Deixa o doce aconchego do materno colo,
pois serás em breve
a imaculada Mãe do teu Senhor.
Despreza, já, os infantis folguedos,
ó divina princesa:
tua mente amadurou antes do tempo.
Anseia pelo teu amor o sumo rei dos Céus,
perdido pelo fulgor de tua formosura.
Ele te completa os anos
com os dotes de inteligência e coração
e deseja tornar-te arca do seu arcano.
Rompe os laços
à companhia saudosa que te cerca!
Virgem de três anos,
começa já a obra divina dos séculos!
Ah! Eis que chegas, estrela fulgurante!
Exércitos do céu,
acorrei a atapetar-lhe os caminhos
com as flores variegadas da inocência!
Eis que chegas, rainha escolhida entre milhares,   *Ct 5,10*
como o Sol em seus carros rutilantes,
atravessa a avenida triunfal dos astros.
Eis que chegas com a face deslumbrante de fulgor,
como a Lua de neve depois que encheu seu disco.
Enfim, como novel esposa de Deus onipotente,[17]
caminhas para o templo,
pisando, com os pezinhos delicados,

---

[17] Ideia que aparece já em Bernardino de Busto, *Marial*, p. 4, Sermo I.

CANTO I – INFÂNCIA DE MARIA

veredas desacostumadas.

615 Com a mão entrelaçada à mão de tua mãe,
ó pequenina Virgem,
com passos desiguais igualas, fervorosa,   *Ct 1,3; 3,2; 4,9*
o andar de teu pai.

A PERDA DA VIRGINDADE[18]: LAMENTANTAÇÃO AOS PÉS DA VIRGEM

O BELO ENCONTRO

Apenas teu semblante
assoma no limiar do lar paterno,
todas as cercanias da cidade rescendem
do mais suave aroma.
Senti este perfume, talvez julguei senti-lo:
o certo é que me pus a correr,

620 seguindo o caminho por onde os pés me arrastavam.
Perguntei a mim mesmo: "Alma, que fazes?
Vamos, apressa-te, talvez ainda chegues
a contemplar o seu semblante virginal".
Saio como centelha, em corrida vertiginosa,
quando, de repente, ó Virgem,
avisto-te ante os degraus sagrados do templo.

625 Vê-la foi tombar trespassado
por um dardo de amor!
Como tua beleza me seduziu os olhos!
O amor da encantadora virgindade
explodiu-me no mais íntimo do peito,
em densas labaredas.
Resolvi vestir de aço a cândida pureza,

630 cercá-la de trincheiras eternamente trancadas
com férreas traves,
e abrasar-me, ó Virgem, recalcando tuas pegadas,
no itinerário feliz de tua vida...

---

[18]Segundo a interpretação dos principais biógrafos de Anchieta, o jovem santo, ao exaltar a pureza e a virgindade de Maria, lamenta o caminho contrário, escolhido pela humanidade pecadora.

CANTO I – INFÂNCIA DE MARIA

"SOBRE A VIRGINDADE EM RUÍNAS"

Infeliz de mim! Fugiste ligeira dos meus olhos,
porque a longa demora retarda os passos.

635 Eis que o feroz inimigo me lança brandos dardos
e consegue do peito arrancar-me a couraça.
Arrombando os portais mal vigiados,
saltando as trincheiras,
arrebatou-me os tesouros da alma e do corpo.
Já tarde, muito tarde,
entrei a contemplar minhas tristes ruínas:

640 "Ai! Foi-se, exclamei, a flor da virgindade!"
Lançando contra o peito os dois punhos cerrados,
chorei a sombria ruína com estes tristes gemidos:
"Ai de mim! Minha trincheira.
Quem a derrocou tão irreparavelmente?
Que malvado me forçou as portas cerradas da alma?   *Sl 79,13; Is 5,5*

645 Que fera tão cruel, ó minha herdade bela,
derrubou-te a sebe?
Que monstro destruiu tua muralha?
Agora, sem muros, és presa de qualquer ladrão,
és covil aberto
a quantas feras a ti se acolherem...
Por que, supremo Pai, me trouxeste à luz do mundo?   *Jo 3,11; Jr 20,17*

650 Por que me lançaste do materno seio
ao chão duro da terra?
Oxalá minha vida se tivesse desfeito
ao despontar da existência,
e teus olhos não me vissem neste estado horrendo!
Oxalá me achasse morto e fosse a última vida
a hora que houvesse de contemplar
a ruína da pureza.

655 Mais suave seria sucumbir cruelmente
e ir sofrer todas as penas do inferno horrendo,

ó Pai amantíssimo, imensa bondade,
poder infinito, chama do eterno amor,
do que ultrajar a tua majestade
com minhas obras nefandas,
660 e executar meus crimes hediondos
diante de teus olhos.
Ó alma infeliz, disforme, adúltera, asquerosa,
torpe e agrilhoada a um corpo imundo,
expulsa o torpor, rasga o canceroso peito,
revolve até ao fundo a chaga de teus crimes!
665 Quem, ai! Desgraçada,
Te roubou a formosura da divina imagem?
Quem te maculou de imunda lama as faces?
Acaso és tu a mesma, a quem outrora
lavou a límpida torrente do batismo
e te fez do peito um cristal de neve?   *Ez 16,9*
670 Tu, a que o Espírito de Deus purificou[19]
no seu cadinho,
para dourá-la em labareda de ouro fino?
Foi a ti que o celestial Esposo
uniu a si em aliança indissolúvel,
ao te lavar os crimes em suas águas férteis?
A fidelidade, ó alma, onde a deixaste?
Onde perdeste o anel de aliança?
E o amor, aquele amor, que juraste honrar eternamente,
onde o manchaste?
Tu, infiel, violaste o juramento   *Jr 3,20*
675 com que selaras a tua pureza,
o amor espezinhado chora,
a infidelidade se desfaz de dor.

---

[19] Mais uma vez o Pe. Armando Cardoso alerta os leitores a uma legítima interpretação. Segundo ele, as cruas expressões usadas por Anchieta, à imitação de Jeremias, Ezequiel e Oseias, não retratam sua alma, resguardada, desde a adolescência, pelo voto de castidade. Retratam o pecador em geral, o que ele próprio seria, sem a graça da Virgem. Tem pois, um sentido catequético, exortativo.

CANTO I – INFÂNCIA DE MARIA

Desagradou-te o Esposo,
abraçaste um hediondo adúltero.
A morada hospitaleira do Senhor tornou-se
o covil de um ladrão!
Desprezaste o Rei, para lançar-te aos braços
do tirano infernal:

680 trocaste, por um amo infame, um Pai glorioso.
Afastas o amigo sincero, que te adora:
rendes-te ao pérfido inimigo, que te odeia.
E, por que não choras tu, ó desgraçada,
por teres ofendido a esse Pai bondoso
que deveria ser o único amor da tua alma?

685 Por que, ó celerada, não gemes de dor,
por teres desprezado o Onipotente,
a quem deveras tributar a merecida glória?
Por que não te dóis, ó infiel esposa,
de teres violado a promessa ao casto Esposo,
de teres maculado o leito virginal?
Desonraste, no leito imundo do bordel,
a glória da aliança,   *Ez 16,25*

690 longe do casto Esposo, ao peito de cruel carrasco!
Mísera, que delírio te fascinou?
Que perversa voluptuosidade te arrastou?
Que paixão te submergiu, ó tresloucada?
Veemente sorvedouro de águas imundas
te arrebatou, infeliz,
aos mais profundos pântanos da lama.

695 Jazes como oculta ao Rei dos Céus altíssimos:
não tens o celestial amor de teu Esposo!"
Emaranhada na teia de teus próprios vícios,
o torpe amante te embala ao asqueroso peito.
Ó naufrágio imenso,
que nenhum esforço poderá salvar!

700 Ó tesouro perdido para sempre!
Ó veste imaculada,

não voltarás à candura de outrora!
Ó glória, não alcançarás jamais o brilho antigo!
Ó santa virgindade, tão grata ao belo Esposo,
que desgraça, que fera tempestade te esfolhou?
705 De ti, agora, resta-me uma imagem longínqua:
uma vez abandonada,
retiras-te, infelizmente, para não mais voltar!
Rosto meu, oh! Torna-te macilento!
Olhos meus, chorai tamanha ruína!
Que o pranto vertido conspurque as faces prazenteiras!
Lágrimas, gemidos, prantos, lamentos
710 de dor, de terror, de pavor, de horror
caem sobre mim!
Sepultai esta alma
nos abismos cruéis do sofrimento
e mergulhai-a na melancolia,
até o fundo do inferno!
Ó Pai celeste,
ou tu me escondes nas trevas sempiternas,
para não mais ofenderem meus crimes
A teus puros olhos
715 ou tu me esmagas a carne rebelde
na mó da contrição
e minha vida se torne a de um digno filho teu!"

A ÚLTIMA ESPERANÇA

Ao soltar estes gemidos, quando minha alma,
resolvida já a voltar ao seu esposo,
chorava a sua desgraça,
o torpe amante me instigava ao prazer
720 e a soltar as rédeas à devassidão:
"Nenhum prazer hás de encontrar em morrer!
Enquanto é tempo, deixa-te ir, docemente,

CANTO I – INFÂNCIA DE MARIA

ao léu de corrente!"
Inclinava-me um pouco, e para logo
a paixão me arrastava,
e, vencido, aos costumados grilhões
os punhos me ligava.
725 Imersa no tenebroso báratro dos vícios,
minha alma sentia-se feliz nos seus delitos.
E quando a morte veio,
e nenhuma esperança de salvação eu tinha,
quando, asquerosa,
reclamou o leito que lhe pertencia,
de repente
não sei que suave murmúrio de mansa brisa
730 soprou-me aos ouvidos do coração estas palavras:
"Oh! Quanto tempo te hás de resolver,
assim, enlodaçado, nesse charco?
Ergue-te, vem prostrar-te aos castos pés da Virgem!
Se assim, imundo,
ela te acolher com semblante amável,
não temas, pois ela lavará as tuas manchas".

A DOCE MELODIA

735 Ergo-me, então:
a alma amarrotada pelo peso de meus crimes,
o antigo torpor a lavrar ainda
no corpo entumescido.
Apenas teu olhar me atingiu, Virgem amável,
o rubor cobriu-me a face,
a cabeça pendeu-me para o chão.
Meus olhos nada mais viram, as lágrimas não jorravam.
740 As pálpebras apertadas seguravam os olhos cheios.
À tua vista, ó Imaculada,
fugiram-me dos lábios as palavras:

o medo enregelou-me a língua entorpecida.
A mente estremecia, cônscia de sua torpeza:
meus crimes numerosos fulminaram-me.

745 Os ouvidos somente
sorviam as tuas divinas palavras,
ansiosos de apreender, em teus lábios,
uma expressão de carinho.
E eis que de teus lábios,
se não me enganou louca ilusão,
destacou-se uma voz que eu conhecia:
"Ergue-te, vem comigo
para o templo do Onipotente,

750 tu, aqui, meu servo serás perpetuamente!"
Ouvi, e me voltou a vida,
e a língua se soltou e exclamei:
"Eia, Virgem bendita, sigo-te, daqui por diante,
por onde quer que fores!"
A morte, o ódio eterno,
a repulsa da divina face, a pena que não morre,
eis aí o que meus crimes mereciam.

755 Mas, se ao indigno restituis com a vida
o teu doce amor,
esta será para mim a maior glória
de teu carinho de mãe!
Assim falei: vi-te sorrir ao meu pedido
favoravelmente...
nova esperança penetrou-me a alma.
Apossou-se de meu coração a santa audácia
de imitar tua vida,

760 de te seguir por toda parte e por toda a vida,
de longe ao menos!

CANTO I – INFÂNCIA DE MARIA

ENTRADA DA VIRGEM NO TEMPLO

A PEQUENA RAINHA

Sozinha, sobe, pois, ó pequenina Virgem,
os quinze degraus do Templo:
já não precisas do paterno arrimo.
Tuas perninhas resistentes
vencem já essas colunas de mármore: *Ct 5,15*
sobre elas assentará a construção do grande Templo!
765 Que imensa glória irradia de teus passos,   *Ct 7,2*
ó filha de reis: quão diversos foram os de Eva!
Esta, passeando pelo paraíso o olhar irrefletido,   *Gn 3,6*
atrevida, meteu os pés pelo caminho fatal,
e colheu da árvore proibida o fruto da morte,   *Ct 8,5*
770 que bateu sem piedade a raça humana.
Tu, porém, que hás de sorver, nos modestos olhos,
toda a luz divina,
buscas humilde o Templo, por senda venturosa.
Árvore ubertosa, tu nos darás o fruto vivificante,
donde para o mundo há de jorrar
a salvação e a verdadeira vida.

A SUA CORTE

775 Saí, filhas de Israel, oriundas de ilustre sangue,
criadas sob as muralhas de Davi!
Deixai o claustro escondido do santuário
e correi para o átrio da porta dourada.
Contemplai, com olhar atento, a vossa rainha:
780 um rubor celestial eis que lhe adorna

as candorosas faces.
O disco rutilante do Sol, o rosto luminoso da Lua
contemplam, extasiados, sua divina beleza.
A essa Virgem feliz saúdam os astros da manhã:
nela se regozijam as maravilhas de Deus.
785 Ela será o terso espelho de perpétua castidade,
que agora guardais a Deus por alguns anos.
Concentrai a atenção neste modelo só,
nele só fixai o olhar:
ele reja vossas mãos, ele guie vossos pés.
Esta é a mulher forte, aquela pérola,   *Pr 31,10*
790 que é preciso buscar aos confins do universo.
Deus onipotente, com ela deparando
depois de muitos séculos,
há de uni-la a si, pelos laços do sangue e do amor.
Pois ela, em castidade imaculada,
será a formosa esposa do eterno Pai
e a intata mãe do Filho.
795 Nas forças dela seu Esposo confia: *Pr 31,11*
os arraiais inimigos
hão de fugir em debandada à sua vista.
Quando, vitoriosa, tiver prostrado o inferno,
vitorioso tantos séculos,
levará em triunfo os despojos para os Céus.
Nenhum dardo inimigo virá ferir-lhe o peito;
800 seu caminho será
a trajetória brilhante das virtudes.

O SEU CANTOR

Conta-me, Virgem, eu te rogo,
uma partícula insignificante ao menos
do que fazes no Templo.
Se alguém, por ventura, decantar quisesse

CANTO I – INFÂNCIA DE MARIA

tuas virtudes todas,
ou somente passá-las pela fantasia,
805 havia de enlouquecer, por certo, sem palavras:
mais depressa contaria as areias dos mares,   *Eclo 1,2*
as ervas dos campos, as gotas da chuva,
as estrelas do firmamento, os ramos da floresta,
do que tuas heroicas virtudes.
Ó templo feliz,
mais formoso do que o templo que te abriga!
810 De teu peito em chamas se evola um perfume perene.
Se não sei cantar os teus primeiros anos,
dá-me graça, ao menos,
de senti-los, de amá-los!
Esse amor me pintará, muitas vezes,
teu encantador aspecto
e me fará viver a teu lado, de contínuo.

A VIDA DA VIRGEM NO TEMPLO

A SERVA DO SANTUÁRIO

815 Serva humilde a súplice do Senhor supremo,
tu estendes as mãos imaculadas
aos dons do seu amor.
Com os dedinhos mimosos, ora fias a lã de neve, *Pr 31,13*
ora alivias a roca transbordante
de macio linho.[20]
Já, com fino pente, cardas os fios de seda,
820 já, com delicada agulha, bordas lindos mantos.
Agora debruas de fios de ouro
véus, cortinas, toalhas e túnicas purpúreas;
ou entreteces rendas de inúmeros desenhos,
sorvendo, à maravilha, as meadas de linho;
825 agora coloras estofos de linho branco,
tingindo-os duas vezes em grã;
ora tornas da cor do céu tecidos açafroados,
ora guarneces as mitras de guizos pendentes,
rubis rutilantes, sardônicas de fogo.
Deles se cobrem o tabernáculo e o altar santo
830 e as vestes do sacerdote quando sacrifica.
Tua mão industriosa
reveste de brilho o culto do sagrado templo,
sem se deixar abater jamais pelo cansaço. *Pr 31,17*
É também essa mão, ó Virgem amabilíssima,
que se estende, sempre compassiva, ao pobre.

---

[20] Segundo uma antiga tradição, também presente nos apócrifos, a Virgem recebeu sua educação dentro do Templo de Jerusalém. Lá, juntamente com outras virgens, permanecia em oração e dedicava-se a tecer o véu que cobria o tabernáculo do Santo dos Santos.

A LÂMPADA DO CÉU

835 Jamais entregas os membros virginais
à languidez do ócio:
jamais te embaciou a mente
a baixa preocupação do alimento.
É do paraíso que o Criador do universo te envia
as sagradas iguarias de que vives.
Um coro de anjos, destinado a teu serviço,
840 voeja da Terra ao céu, indo e vindo pressuroso.
Pressagiando, talvez, em ti a Mãe do seu Deus,
prostra-se reverente,
como à presença de sua soberana.
Pelas trevas da noite
não se apaga jamais a tua lâmpada: *Pr 31,18*
em teu quarto, a noite
torna-se mais clara que o próprio meio dia.
845 Apenas o sono, leve qual tênue brisa, *Pr 31,15*
afagou-te um pouquinho os olhos,
no silêncio da noite, ergues-te do pobre leito, *Ct 3,1*
e procuras, no doce remanso do coração,
o doce amante que tua alma adora.
Tu o procuras, tu o encontras, tu o abraças
sequiosamente:
850 com que delicias repousas em seu regaço amado!
É dessa fonte de vida que tu sorves
as torrentes magníficas da luz e do prazer divinos.
É dessa fonte que ele te revela
o segredo de seus desígnios,
enquanto te inunda o coração de alegria.
855 Ele, por sua vez, vagueia *Ct 2,16; 1,12; 4,5*
entre os lírios rescendentes de teu peito
e repousa, docemente, entre odoríferas rosas.
Se muito estimas a ele, muito mais ele a ti:
nessa luta de amor, o infinito vence.

Cheia de amoroso vigor, tu o enlaças em teu braços:
860   preso nessas cadeias
já de ti se não pode apartar.
Jamais permitiste que o teu amado
tivesse que bater às portas cerradas de tua alma:
noite e dia lhe está, de par em par, aberto[21]
o coração.
Sem cessar, vigia tua alma, sem que a vergue
o peso do sono,
865   ainda que as pálpebras carregadas te prostrem
o delicado corpo.
A lâmpada da mente,
nutrida com o óleo celeste, bruxoleia
sem jamais apagar a luz do teu olhar.

A LUZ DA TERRA

Ó Virgem vigilante, glória feminina,
clarão eterno mais formoso que o disco do Sol!
Já que o Amado te inunda
870   a manete de luz e o coração de gozo,
oh! volve a nós os teus modestos olhos!
Fere com um raio desse olhar os nossos olhos
lânguidos de sono,
e unge-os com teu divino bálsamo.
Assim poderei contemplar-te, quando,
na calada da noite,
gozas do teu amado,
e inflamar-se à vista dele o meu amor.
875   Que eu não me acolha ao silêncio do lar,
que o aconchego do leito não me receba os membros,
que eu não conceda aos olhos

---

[21] Cf. Santo Ambrósio, *De Virgin*. I,II.

CANTO I – INFÂNCIA DE MARIA

o prêmio placidíssimo do sono,
que descanso nenhum me venha afagar
as pálpebras cansadas,
antes de procurar, primeiro, um abrigo a meu Deus,
880 antes de dar um leito a Jesus, em meu peito!
Ó Virgem, quanto são queridas do Senhor   *Sl 83,2*
as moradas do teu seio!
Quanto lhe agrada
tua vida e tua formosura sem igual!

O DESLUMBRAMENTO DO POETA

Projetara percorrer
os numerosos passos da tua existência,
para traçar, por ela, caminho reto à minha.
885 Mas, eis-me distanciado
pelo número e valor de tuas virtudes:
O meu espírito, cheio de avidez, desfalece,
ante perfeições tão sublimes, esgotado!   *Pr 31,29*
Ainda que muitas princesas reúnam
suas prendas inúmeras,
seus domínios e bens de toda espécie,
tu ergues sobre todas a fronte de rainha:
890 nem todas, em globo, são capazes de atingir
a grandeza de teus tesouros.
Em inúmeros dons enriqueces teu coração:
recebeu inumeráveis e contínuas riquezas
e não se abarrotam.   *Pr 31,17*
Teu corpo imaculado está cingido
de casta robustez;
tua face é espelho a refletir as leis do Céu.
895 Bem é que assim refulja
quem é de Deus há de ser altar e templo,
a quem nem a terra, nem o mar, nem o espaço

podem abarcar.
Ah! Senhora, eu pasmo
ante tua grandeza, fulminado:
tu, futura mãe daquele que é teu eterno Pai!
Tua glória se levanta a tais alturas, que, vencido,
900 me faz morrer nos lábios o teu canto.
Atado a teu colar, preso nos grilhões desse amor,
a mim basta-me jazer, eternamente, a teus pés.
Já que, depois de muito esperar por mim,
me arrebataste, na luz do teu olhar bondoso,
para o templo de Deus,
905 e quiseste ajuntar-me aos companheiros[22]
de meu Senhor Jesus,
e sofres que viva em tua santa morada:
aqui, aqui pra sempre, acalente-me tua bondade,
e teu braço me afaste da ruína,
com o laço tríplice dos votos.

A ATRAÇÃO DO BEM

Mau grado meu, sinto que uma força me arrasta
910 a contemplar os deslumbrantes clarões de tua vida.
Quando raia a manhã, trazendo após si o novo dia,
oh! Como deixas o amplexo e os ósculos divinos!
De novo tua mão   *Pr 31,19*
corre ao duro trabalho, pressurosa,
e os dedos arrebatam o fuso sequiosos.
915 Rodeiam-te as outras virgens, tuas irmãs,
a tecer também seus fios,
ávida cada qual de vencer sua meada.
Põem os olhos em ti, de admiradas,
ao ver, sem inveja,

---

[22] Alusão à sua entrada na Companhia de Jesus e aos votos religiosos.

CANTO I – INFÂNCIA DE MARIA

que a destreza de tua mão a todas as excede.
Todavia, não te deixas vencer:
920 em tua sublime modéstia, vais buscar
o último lugar.
Prestar humildes serviços às donzelas consagradas,
eis a tua preocupação,
a tua glória mais ambicionada.
Tu lhes limpas, com humildade, as vestes,
estendes as camas, e serva obsequiosa,
guisas os manjares.
925 Varres, alegre, a casa e lavas a louça:
lanças, à tua conta,
quanto de abjeto há por fazer no santuário;
se a doença fere a alguma,
tornas-te medicina, palavra confortadora,
doce obséquio, auxílio pronto a tudo.
Mas, dize-me, que ideal te inflama, ó Virgem,
930 nesse ofício tão baixo, nesse ofício de escrava?
Talvez ignoras que, um dia, soberana dos Céus,
hás de ter aos pés todo o universo?
Deixa aos servos o servir:
a seda, a púrpura, o império, o trono, o cetro, a coroa:
eis o teu apanágio!
935 Mas, que sonho eu, estulto?...
Tu desdenhas o fausto, e do coração amante fazes
o escrínio da humildade.
Gozas em ser a menor, em obedecer a todas;
fora disso, nada no mundo é grande, em teu conceito. *Lc 1,52*
Sabes que Deus derruba os soberbos de seus tronos
940 e aos humildes exalta do monturo.
Ainda que nada ignores, sofres que te ensinem;
obedecer, ser desprezada, ser corrigida:
eis a tua felicidade.
Por isso, sepultas, no fundo do peito,
teus régios segredos e disfarças

o ardor divino que se expande no teu rosto.

945 Contudo, não o consegues, pois dificilmente   *Pr 6,27*
se encobre o fogo:
a luz da labareda transpira pelas frestas.
É divino o resplendor que brilha em tuas faces;
tuas palavras o calam,
tuas obras o proclamam às companheiras.
Elas, em seus colóquios,
950 afirmam que és santa e feliz mais do que todas.
Cravando, em teu olhos, os seus cheios de afeto,
que manso espelho de bondade fitam!
Conversar-te é um prazer;
um prazer contemplar o teu semblante.
Chamam-te sua rainha, sua maior glória!
955 Tu, entretanto, julgas-te indigna de tanta honra,
e, até ao excesso, te envileces a teus olhos.
De dia para dia,
vais adornando de novas virtudes tua alma,
o verdadeiro templo e tabernáculo de Deus.
Modelo de castidade e de níveo pudor
960 é o teu corpo, do qual há de brotar
o nobre Corpo, unido à divindade.
Apesar desta torrente transbordante
que te inunda a alma,
vives persuadida de que teu coração é um vazio!
Sendo, por graça, a mais sublime das criaturas,
julgas que, de justiça, só o último lugar te cabe.
965 É tanta a graça que estua em tua alma,
e tão bem lhe cerras ao fundo do peito as labaredas!
Ou é o véu da soberba que nos vela os sentidos
e nos torna cegos diante de sol tão fúlgido!

A GLÓRIA SEM VÉU

Aos olhos do Pai celeste, porém, ela refulge
em todo o seu brilho
970 e inunda de resplendores as moradas etéreas.
Quanto mais te envileces, tanto mais te sublimas
ao conspecto daquele que deseja, para leito,
o teu materno seio.[23]   *Sl 18,6*
Em breve ele te descobrirá
nesse ínfimo posto,
e fará soar aos teus ouvidos
este doce convite:
975 "Eia, sobe mais acima, ó amada minha!   *Lc 14,10*
vem assentar-te no primeiro posto,
que tanto mereceste!"
Núncia de tanta felicidade, há de chegar
essa hora, a ti feliz, a nós auspiciosa.
No momento em que menos o julgares,
Virgem humílima,
980 virá dizer-te o "Ave" de Mãe excelsa de Deus.
Eia, pois, vive por nós!
Pois tu nos hás de das a vida e a luz:
vive, que está próximo esse dia feliz!
E a mim, o mais pobrezinho de teus servos,
orna-me com tua humildade,
sem a qual nem a ti nem ao Senhor agradarei.
985 Esta virtude me há de adornar o coração
e há de preparar nele,
para o menino, um berço
e, para a mãe, morada hospitaleira!
Oh! Quem me dera ser digno
de um olhar dos olhos meigos da Senhora
e ser, muito embora, o último entre seus servos!

---

[23] Esta figura "Thalamus", aplicada ao seio da Santíssima Virgem, foi muito conhecida e explorada pelos Santos Padres.

CANTO II

A ENCARNAÇÃO DO VERBO

"Anunciação" (século XV)
Autor: Beato Angélico

ANUNCIAÇÃO À VIRGEM MARIA

NUM CANTINHO DO APOSENTO

Ó Virgem, glória primeira da casa de Sião!
990 O coração me impele a visitar teu santuário,
a lançar um murmúrio junto aos santos umbrais,
a ver se abres, a este pobrezinho, as tuas portas,
a ver se um cantinho,
embora minúsculo, da tua habitação
me dá guarida, sequer por um instante.
995 Ser-me-ia grato, se tu mo permites,
contemplar sofregamente
teus olhos e teu celeste semblante.
Rogo-te, formosa irmã, abras as portas   *Ct 5,2*
com teu sorriso afável:
não desdenhes
os direitos de teus irmãos no sangue.
Se grandes são as manchas de nossa alma,
1000 aí está a enchente de teu amor
para inundar-nos...
Eis que se abre a entrada do asilo virginal:
descansa, ó minha alma, piedosa e humildemente!
Aí se correrá o véu
aos mistérios escondidos a todos os séculos   *Cl 1,26*
e aos desígnios da mão onipotente.
1005 Ouve o que a Virgem[1]
profundamente revolve em sua mente,

---

[1] Santo Inácio de Loyola, na oração de aplicação dos sentidos dos Exercícios Espirituais, convida o exercitante a considerar os personagens bíblicos, ver suas ações e a ouvir o que dizem. É o que faz continuamente o jesuíta Anchieta no seu poema, que é uma contemplação devota na qual, também o leitor, é convidado a entrar.

e nota as palavras que lhe brotam dos lábios.
Dize-me, ó Virgem, em que te afadigas?
Que cuidado incessante te agrilhoa o peito?
Nas asas do espírito voas até aos astros
1010 e sacias tua fome, de riquezas celestes.
Enlevada nas promessas divinas e na lei do Senhor,
deslizam-te as noites e deslizam-te os dias.
Com humildade folheias os sagrados livros,
sondando os misteriosos ditos dos velhos profetas.
1015 Almejas que se rasguem os selos de ouro   *Ap 5,9*
do livro fechado
e que transbordem as torrentes celestes.

O GEMIDO DE UMA ORAÇÃO

Quando relembras a rebeldia dos primeiros pais
e sua infidelidade à divina aliança,
a desgraça dos descendentes manchados pela origem
1020 e oprimidos pela escravidão da culpa,
a promessa do chefe,
que havia de lavar no próprio sangue
o mundo ensanguentado,
quebrando os ferros opressores aos cativos:
gemes, e justa dor te atravessa o coração,
as lágrimas te inundam o seio virginal.
1025 Ergues ao céu as mãos e, prostrada em terra,
comoves ao Senhor com estas sentidas vozes:

AO PAI

"Até quando, ó Criador, te esquecerás de nós?   *Sl 79,5; 89,47*
Teu zelo ardente será somente fogo abrasador?
Por que é que o cruel tirano, desde o início,

CANTO II – A ENCARNAÇÃO DO VERBO

1030   possui teus reinos
e os entregas a despedaçar como preia
ao leão feroz?
Por que é que esse monstro traga as míseras ovelhas?
Por que dilata seu bojo esfaimado
o inferno invejoso?
Por que, com as fauces ávidas,
a morte vai arrebatando a pobre grei?
1035   Por que é que a vinha plantada por teu braço
jaz no abandono,
só pelas garras das feras escavada?
Por que é que a fonte em que refletiste a face
rasteja por tantos males maculada,
votada à ignomínia?
Perdoa, Pai celeste, mitiga a justa ira,
1040   estendendo sobre a nossa desgraça
o teu olhar piedoso.
Lança-nos do alto do Céu a tua destra
e dilata até nós a vera luz do teu olhar.
O justo, que enviarás das moradas eternas,
desça já da região das chuvas!
1045   Oh! Sai a campo, com o teu Cristo Rei,   *Is 51,5; 11,4*
para salvar as gentes
e castiga, com cetro de ferro, o cabeça da rebelião.
Ao sumo Rei
entrega o teu bastão, ó Deus bondoso,
entrega ao Filho o tribunal da eternidade!   *Sl 72,1*
Para repelir do mundo o dominador injusto,
1050   e restituir aos pobres
o regime da paz e da justiça.   *Is 16,1*
Manda-nos o Cordeiro Salvador,
que impere até os confins da Terra
e recalque a seus pés o inimigo;
que estreite as muralhas de Sião
com o cerco da paz eterna

e desate as duras algemas aos cativos!
1055 Venha o Pastor fiel — *Ez 34,12*
pensar o rebanho machucado
e restituir-lhe todo o viço antigo!
De todas as regiões da Terra, a grei perdida
torne já a seus pastos abundantes.
Aí, em meio da fortuna e das correntes,
1060 veja-as pascer da erva e beber do arroio.
Que resplandeça o Salvador do mundo,
como um facho
em sua marcha triunfal, fendendo as trevas!
Para que todas as nações contemplem
os séculos ditosos,
que o Deus da glória trará ao mundo inteiro!

AO FILHO

1065 Ó Rei, ó Emanuel, esperança do universo, — *Is 62,1*
timoneiro seguro dos tempos que deslizam!
Ergue-te, vem a nós,
soberano Filho de Deus,
empunhando, na dextra, o cetro vigoroso
e revestindo o peito com a couraça da força!
Oh! Se rompesses já as muralhas do céu imenso — *Is 64,1; Sl 96,4*
1070 e descesses, ó Redentor piedoso, a nosso chão abjeto!
Ao teu olhar rolariam, como cera, os píncaros,
e em seus gonzos abalada a Terra tremeria.
Os esquadrões do mal — *Sl 72,9*
morderiam raivosos o solo,
afundando, no lodo, a orgulhosa cabeça.
1075 Derramai a divinal torrente — *Is 45,8*
abóbadas celestes!
Destilai, firmamentos, o copioso orvalho!
Ó nuvens, de vossas entranhas generosas

CANTO II – A ENCARNAÇÃO DO VERBO

deixai cair o Justo,
que traz, em seus lábios, fontes de água viva!
Essa torrente inesgotável do celestial arroio
1080 fertilize e refresque os campos sequiosos!
Empapada nessa chuva abundante do alto,
reconhecida, rebente em frutos a terra!
Quando virás arrancar o mundo às trevas,
Sol, que não terás poente?
1085 Quando purificarás
o leito conspurcado da filha de Sião,
Na luz dos teus desposórios?
Quando nos trarás a paz,
ó Príncipe mansíssimo da paz?   *Is 9,5*
O mundo alquebrado o teu auxílio implora!
Quando, ó Medianeiro, virás derimir o pleito
1090 que nossa natureza sustenta com teu Pai?
Quando consolarás
as muralhas enlutadas de Sião,   *Jr 1,4*
enchendo de alegria suas plangentes ruas?
Quando se encolherá
nesta terra mesquinha, o Verbo onipotente,   *Rm 9,28*
para ensinar o nome, as obras, os direitos de seu Pai?

DE NOVO, AO PAI

1095 Lembra-te, bondoso Senhor, dos pais antigos,
que, com fé robusta, te ofereceram
sinceras aspirações.
Por esses nós estreitos firmaste com eles
tratados para sempre indissolúveis.
Pela tua pessoa, pela pessoa do Filho,
1100 que o sopro de Deus une com o laço do amor eterno,
juraste que o teu Cristo,
Rei, legislador e juiz eterno dos povos,

havia de nascer da sua estirpe.

Suas bênçãos haviam de cobrir para sempre
todas as nações,
livrar nossos avós da escura prisão do limbo.

1105 Estende, ó Criador, sobre nós o olhar sereno,
aspecto de mansidão e ternura paternal.

Bem que sejamos indignos do nome de filhos.
pois que jaz mergulhada nossa vida,
num mar de pecados,
só tu és para nós digno da glória do Pai:

1110 de tua mão dadivosa
nos jorram benefícios a granel.

Ainda que tua ira
vibre sobre nós o açoite merecido,
jamais poderás deixar de ser nosso Pai.

Com tal nome, Senhor,
não conduz a ira prolongada:
lembra-te que és Pai e corre em nosso auxílio!

1115 Clemente doçura e doce clemência,
bondade atraente e generoso amor,
eis o teu nome!

Se a mãe, algum dia, puder esquecer   *Is 49,15*
o fruto que em suas entranhas germinou
e que cresceu com a seiva de seu peito,
tu, Pai misericordioso, poderás olvidar

1120 aos que tua sabedoria arrancou do nada
com uma só palavra?

A mãe será cruel, não terá coração.

Mas tu serás eternamente bom, eternamente amável.

Portanto, piedoso Pai,
restaura a obra que tua mão plasmou do limo
e jaz, agora, em ruínas.

1125 Já a tua vingança soltou todas as rédeas
ao carro do furor,
já a tua ira se inebriou bastante,

CANTO II – A ENCARNAÇÃO DO VERBO

em sangue humano.
Já justiça irritada brandiu, por toda parte,
a espada de dois gumes,
decepando os culpados.
A clemência, com olhos lacrimosos,
1130   já suplica o lugar que lhe compete
no peito irado do Pai.
Abre-lhe o coração, que já é tempo!
Pese-te, fonte de bondade,   *Jr 26,3*
tempestar de tantos males nossa vida!
Brote do coração paterno e mansidão
que cinge, com ramos de oliveira, a fronte plácida!
1135   Irmã cheia de doçura, aplaque a ira divina,
vertendo, em seus lábios, a torrente de paz!
Lançando ao triste mundo o seu olhar de mãe,
encha, com o riso do seu semblante,
os séculos acabrunhados!
Irrompe, finalmente, ó cristalino azeite,
penetra pela terra, óleo celeste,
1140   e ressuscite, ao teu contato, o mundo morto!"

A VIRGEM DE ISAÍAS

A estes anseios se entrega a tua mente, ó Virgem;
estes mistérios revolve: é teu manjar celeste!
Ao leres que o profeta,
em cujos lábios Deus colocou a pedra em brasa,   *Is 6, 7*
proclama, em grande voz, estas palavras:
1145   "Uma Virgem conceberá intata   *Is 7,14*
e um penhor abençoado
encherá um seio sem mancha:
a virgindade dará à luz um filho,
na flor perpétua da pureza,
e seiva virginal nutrirá um fruto feliz:

Emanuel, seu nome sacrossanto, reboará
1150 pelos vales da Terra e pelos átrios do Céu!"
Quando, ó Virgem, estes oráculos sulcaram tua mente
e penetraram no silêncio de teu peito,
ergueu-se, em labareda, o desejo de ver
tão sublime donzela,
e ouviu-se este gemido de humildade:
1155 "Oh!... que tempos tão ditosos
te hão de contemplar, ó Virgem de Israel,
esplêndido florão da nossa raça?
Que pais tão venturosos hão de gerar tal formosura?
Quem será digno de acolher um tal penhor?
Que mãe feliz te abrigará no seio   *Lc 11,27*
1160 e te refrescará os lábios
com o orvalho do peito?
Que brilho de virtude, que deslumbrante glória
te espera, ó mulher para sempre inefável!
Tuas entranhas cerradas encerrarão ao Senhor
que, ao sair, as deixará cerradas como dantes.
1165 Darás os seios virginais do peito
ao Verbo da vida,
pousando a mão materna sobre a fronte de Deus.
Oh! Se o Criador me prolongasse os anos,
para contemplar a era feliz de tua aurora.
Feliz de mim se merecesse ser a escrava
de tão excelsa mãe,
1170 a companheira de tão formosa Virgem!"

"TU ÉS ESSA VIRGEM"

Muito terias a falar,
mas embargam-te os repetidos suspiros:
o amor virginal aferra-te o casto coração.
Numa torrente de lágrimas te desfazes,
enquanto teus gemidos e piedosos queixumes

CANTO II – A ENCARNAÇÃO DO VERBO

enchem as arcadas do céu.

Um arroio de cálidas bagas te desce pelas faces,
enquanto a justa ira de Deus onipotente
esmaga a raça humana.
Por que te afliges com tão acerba dor, ó Virgem?
Por que atormentas, com gemidos, o delicado peito?
Poupa, eu te suplico, a carga de aflições
aos mimosos ombros:
não pises com tantas lágrimas os olhos!
Poupa o formoso rubor às tuas faces,
que o pranto, em borbotões, lhe empalidece o brilho!
Eis que vem o Rei,   *Mt 22,15; Lc 9,9*
com a coroa da mansidão na fronte,
a reerguer as ruínas de Sião.
Tu, Virgem, ignoras, talvez, a glória.
ignoras a dignidade que te espera!
Choras ausente a donzela, que no seio intato
revestirá de carne virginal a Deus imenso.
Eis a glória que te espera, digníssima Senhora,
Mãe virginal de teu celeste Pai!
Prepara o teu tálamo, formosa filha de Israel:
corre as cândidas cortinas à tenda do coração!
Ouço ranger, nos gonzos, as portas do firmamento
e vozes longínquas de anjos a cantar de alegria.
Teus tristes arrulhos, pomba imaculada,   *Ct 2,12*
feriram os ouvidos do Pai supremo.
Ergue-te, Sião! Reveste teus ornatos de glória!   *Is 52,1*
Cobre-te de novo vigor, virgem Rainha,
para receberes o alento dos céus,
quando a aura divina suspirar em teu seio.
O esposo celeste desce do seu palácio,
para ocupar o rico aposento,
que a esposa lhe adornou.
Maravilha inaudita!...
Mas, vem ver este espetáculo, ó minha mente,
antes que o sono te feche de languidez as pálpebras!

ENTRADA DO ANJO EM CASA DA SANTÍSSIMA VIRGEM

A VITÓRIA DA MISERICÓRDIA

1205 Já a doce compaixão triunfou na mente de Deus,
e paz confortadora
acalmou o seio irado do Senhor.
Já a concórdia afável
cancelou as inimizades passadas
e um amor cheio de paz
afugentou as contendas da justiça.
Já o Deus de bondade esquece as iras de outrora
1210 e, no seu olhar misericordioso, afaga
a pobre raça humana.
Reconheceu, por fim, que a semente lançada à lama
só pode gerar corpos de pó estéril,
e que os sentidos, esporeados pela paixão, *Gn 8,21*
correm para o mal
e rastejam como onda preguiçosa.
1215 As entranhas do pai soem compadecer-se do filho,
e quando este erra,
não o punem por muito tempo com crueza.
Tal é a doce piedade, que desarma o eterno Pai,
sempre que vem de envolva com o furor da justiça.
Para tão longe arremessou de nós
os acervos de nossos pecados *Mq 7,18*
1220 e os males devidos aos crimes, que cometemos,
quanto se afasta do alto céu a Terra
e dista do Ocidente a região da aurora.
Já as verdes esmeraldas adornam
o sólio celestial,
e os palácios altaneiros rebrilham

CANTO II – A ENCARNAÇÃO DO VERBO

com o fulgor do jaspe.

¹²²⁵ O arco-íris circunda o trono da divindade,
com um véu resplandecente,
e, com suas cores variegadas, orna a sede da luz.
Já nasce para o mundo a esperança
da próxima salvação,
de braço dado à paz imperturbável.   *Sl 84,11*
O céu se esposa com a Terra,
a altura com o abismo,[2]
¹²³⁰ e esses desposórios serão eternos!

UM OLHAR SOBRE NAZARÉ

Estando Deus para mandar do céu o Filho unigênito,
para que se fizesse homem
nas entranhas da Virgem Imaculada,
cravando sobre as terras da Galileia
seus olhos suavíssimos,
volveu-os para os muros de ilustre Nazaré.
¹²³⁵ Aí está uma habitação,
pequena sim, mas levantada a tanta glória,
que há de competir com o palácio dos céus.
Contente, nos poucos palmos do seu lar,
habita nesta casa uma donzela,
que será, em breve, maior que o firmamento.
Aí ela se esconde, humilde e sem nome, na terra,
¹²⁴⁰ e, contudo, a amplidão do espaço[3]
ainda não viu claridade maior.
Ela guarda intatos os selos lacrados da pureza
e há de gerar,
no augusto remanso do seu seio, a Deus imenso.
Fechadas as portas, guarda perpétuo silêncio,

---

[2] Da liturgia do Sábado Santo. São Bernardo, Sermo I, *De Circumcis.*
[3] São Bernardo, *Super Missus*, Hom. III.

quem, com poucas palavras,

há de trazer a salvação ao mundo.

1245 Quem, pergunto, quem és tu, mulher,

para que o Céu te reserve tanta grandeza?

Quem é teu esposo, e qual teu nome? *Lc 1,26*

Teu esposo é José, cuja linhagem

descende diretamente do grande Davi.

Ele é teu esposo,

a ti unido como a verdadeira esposa;

1250 contudo, não conhece teu leito virginal,[4]

pois, gravou em seu peito inamovível

o voto inviolável

de gozar ao teu lado de castidade eterna.

O direito a teu leito virginal

servirá tão-somente

para fazê-lo herdeiro de tua glória.

1255 Ele será chamado pai de teu Filho

e regerá os passos

do que governa o turbilhão dos mundos.

Tão excelsa és tu, e assim te escondes?

Teu nome glorioso, Virgem Maria,

há de ressoar desconhecido entre quatro paredes?

Tu, a cidade santa,

construída em píncaros de montes, *Mt 5,14*

1260 hás de ocultar moradas tão altas como o céu?

Permanecer, na sombra,

o disco fulgurante deste róseo sol?

Velar a face luminosa esta lua sem mancha?

Furtar-se à vista,

quando, inflamado em chamas resplendentes,

o candelabro iluminado em meio dum palácio?...

1265 Em vão, em vão te escondes,

cidade altaneira, sol radiante,

---

[4] São Jerônimo, *De perp. Virg.* B. M. 19.

CANTO II – A ENCARNAÇÃO DO VERBO

lua esplendorosa, chama vivaz!
Se te ocultas à Terra, o Céu bem te conhece!
Trair-te-á a luz dos astros, com a luz do próprio Deus!

"AVE-MARIA"

Eis que das ameias celestes
1270 despede o Senhor ao mensageiro alado,
com o cofre dos seus segredos:
"vai, lhe diz, à virgem incorruptível que encontrei,
depois de tantos séculos:
vai saudar a Maria feita arca, dos meus arcanos
de intacta virgindade, ela será
a mãe de meu Filho,
para a eterna salvação do mundo!"
1275 Disse Deus, e o anjo, com as rutilantes asas
sorve a amplidão do espaço,
como a estrela da tarde se engolfa no horizonte,
com o rosto a irradiar nobreza e formosura,
o jovem aparece
sob o teto virginal do teu aposento.   *1278-1300: Lc 1,28*
Extasiado pelo resplendor divino do teu espírito,
1280 cai de joelhos, pronunciando estas palavras:
"Tu, Senhora, entre as mulheres, única,
contentaste ao Pai celeste.
Ave! Visão primeira do supremo artista!
A graça divina cumulou tua mente humilde,
e o amor de Deus inundou teu coração puríssimo.
1285 Está contigo o Senhor onipotente
que, num olhar, abarca
as muralhas do Céu, os recantos da Terra, a vastidão do mar.
Senhor foi ele, sempre, do teu coração:
ele, só, empunha as rédeas de tua alma.
A ti não dominou a culpa original

nem te prostrou outro pecado algum:
1290 o onipotente Senhor te senhoreou inteira.
Nem a morte nem o autor da morte
puderam algo contra ti:
o onipotente Senhor te senhoreou inteira.
Só ele teu amor possui eternamente;
só ele desfrutou o teu amor:
de teu coração só ele é o confidente.
1295 Por isso, a tua glória
há de jorrar por toda a vastidão da Terra
e os altos céus hão de curva-se aos teu mandados.
Tu és a mais bendita Mãe
que um esposo tenha dado jamais ao seu amor:
a mais feliz esposa
que um Pai tenha preparado ao seu amado.
As mulheres te olharão como a glória
1300 última do seu sexo, *1300-1325: Lc 1,29*
primeira do seu decoro!"

RESPOSTA DO CORAÇÃO

Que sentimentos te invadiram o peito,
que modéstia reluzia em teu semblante,
Virgem humílima,
quando, prostrado por terra a teus pés,
o mensageiro celeste
te transmitia tão admiráveis novas?
1305 Permanecias imóvel,
fixos no solo os castíssimos olhos,
cobertas do rubor da virgindade as faces belas.
Perturbada por saudação tão nova,
tua prudência se admira,
e, receosa, revolve humildemente estes problemas:
"Que novas expressões me ferem os tímidos ouvidos?

CANTO II – A ENCARNAÇÃO DO VERBO

1310 Que novo modo de saudar é este?
Virá dos céus um tão alto cumprimento?
Tanta honra a um nada, a mim tanta glória?
O Céu a venerar quem da própria Terra é indigna?
A mim, tão pequenina, glória tão imensa?[5]
1315 Nesta cidadezinha, apenas se conhece
a esposa do carpinteiro...
na cidade esplêndida de Deus, que havia eu de ser?
Eu, pobrezinha, serei
cumulada de tais dádivas, de tais riquezas?
A mim, tal opulência?
Honrar-me-á o Céu com a glória de rainha,
1320 quando apenas sirvo para escrava?
Sofrerá o Senhor onipotente
habitar em minha alma sem ornato,
hospedar-se em meu seio tanto tempo?
Com razão temerei de louvor tão súbito,
ciente de minha vileza, de minha miséria...
de meu nada!"

O SEGREDO DA HUMILDADE

1325 Ó Virgem, humilde, singela e prudentíssima,
por que o temor da dúvida assim te agrilhoa?
Justamente porque és humilde: e humilde[6]
tudo temes de tua ingenuidade:
1330 por demais ingênuo, o coração da jovem
deixa-se enredar, às vezes, em diversos ardis.   *2Cor 11,3*
Tudo temes em tua prudência:
tu, ponderando tudo à sua luz,
temes que alguma aragem de pecado
te bafege a alma,

---

[5] Convém ter presente a semelhança com a obra *Auto de Mofina Mendes* de Gil Vicente.
[6] São Bernardo, *Super Missus* Hom., III.

e que, prestando-lhe atenção, como Eva à serpente,
venhas a cair em suas malhas.

1335 Porém nenhum laço há aqui: o céu não engana:
não há na cidade de Deus lugar para a mentira.
Não há, aqui, monstro algum
que te engane em música falaz,
que te cegue os olhos d'alma,
como à primeira mulher.
Já o Senhor pôs em ti o seu olhar:
do alto da esfera celeste, sua pupila
1340 descansa nas pequenezes desta Terra.
Quanto mais te crês indigna,
tanto mais digna te ergues para o Céu,
e tua fronte brilha, quanto mais se esconde.
A simplicidade humilde e a humildade simples
do teu pensar
enamora o Espírito de Deus.
1345 Por que te admiras de te fazerem
Rainha no Céu,
se estás sempre a escolher, na Terra,
o último lugar?
De admirar seria
se tivesses o peito entumecido de soberba
e se, apesar disso, o Senhor te contemplasse.
Abre, portanto, o coração confiante
à mensagem celeste:
1350 quanto é de ti mais digna, tanto menos deves temê-la.

GLÓRIA E PREDILEÇÃO

Até agora ouviste de teus louvores
o exórdio apenas:
falta ainda o cúmulo de tua glória.
Grandes os mistérios que ouviste.

CANTO II – A ENCARNAÇÃO DO VERBO

93

Agora, porém, em meio de tua perplexidade,
maiores te dirá o embaixador celeste:
1355 "Não temas, ó Maria: não há por que temer!   *1355-1376: Lc 1,30*
Despe o rubor que cobre o teu semblante casto!
Não sou mensageiro de mundanas honras:
a poeira desta terra
é indigna de Virgem tão excelsa.
Venho trazer-te honras
que a suma sabedoria do Pai celeste
a ti reservou,
1360 antes da admirável criação dos mundos.
Por que coras à voz do ministro de Deus
que te enaltece
e te abates em ouvir minhas palavras?
Toda a corte do empíreo fulgurante
se curvará ao teu conspecto,
rendendo-te obsequiosa submissão.
1365 Tu, finalmente, achaste a complacência
do Pai supremo que te cumulou
de graças inefáveis, inefavelmente!
Esta graça, nosso primeiro pai perdeu-a
com o pecado de morte,
e perdida, buscaram-na em vão, outrora,
nossos antepassados.
Por ela suspira o Céu há tanto tempo,
1370 por ela a Terra
palmilha o seu longo caminho de lágrimas.
Achaste, afinal, esta graça,
aninhada no coração indevassável
do Deus da imensidade.
A nenhum de nós, que te levamos a palma,   *Hb 2,16*
por força da natureza angélica,
quis escolher a sabedoria eterna:
1375 mas a ti, sobre nós todos, sublimou a graça,
para o grande prodígio da redenção.

A GRANDE MENSAGEM

Eis que teu seio
avultará em tua concepção
e o darás à luz no tempo exato.
Chamá-lo-ás
com o singular e santo nome de Jesus,
e terá novo brasão sua nobreza.
Rei será ele de majestade suma
e sua glória não terá limites.
Será teu Filho
o próprio unigênito de Deus
e por esse título,
igual ao Pai na divindade.
Dar-lhe-á o Onipotente
o real trono de Davi, seu pai,
depondo em suas mãos as rédeas do universo.
Ele regerá invicto a casa amplificada de Jacó,
e suas leis reinarão pelos dias sem-fim.
Seu poder se estenderá às extremas da Terra,
às mais remotas praias do oceano infindo,
até onde a estrela da manhã abre o caminho ao dia
e Vesper lhe fecha o cortejo,
até onde os polos celestes movem os dois hemisférios.
Lançará os braços imensos do seu poder
até às extremidades desconhecidas do universo.
Legítimo herdeiro do Pai celeste, o Verbo
dominará juntamente com ele
o oceano dos astros.
Sustentará eternamente o cetro
como príncipe invicto,
guiando os séculos até o fim inexistente.

1377-1398: Lc 1,31-33

O NOME DE JESUS E A CIRCUNCISÃO

TODO O BEM EM JESUS

Assim falou o intérprete celeste.
1400 Enquanto, ponderada, revolves em silêncio,
no fundo do coração, tua resposta,
não te zangues, ó Virgem, comigo,
nem te envergonhes de um servo teu
ter cantado tão pouco em teu louvor!
Aguilhoa-me o peito,
com a admirável doçura do seu amor,
o nome amoroso do Filho que darás ao mundo.
1405 Nome admirável, Jesus!   *Is 62,2*
Nome virgem aos nossos pobres ouvidos,
Nome formado nos próprios lábios de Deus!   *Sl 45,2; 110,3*
Nome que jorrou do coração do Verbo eterno
e ressoa antes que houvesse vibrações.
Doce amor dos corações, pai de toda a doçura,[7]
1410 Jesus adoça, com seu mel, os travos desta vida.
Verdadeiro nutrimento d'alma e pão de vida.
Jesus restaura-nos os membros
enlanguecidos pela fome do pecado.
Manancial constante, rio perenal,
Jesus dessedenta, com seus jorros, as mentes sequiosas,
1415 arrebata, nas asas da doçura, o sentido embevecido,
gravando nelas seu nome para sempre.
Jesus, divino alvor da luz eterna,
afugenta as nuvens sombrias do coração contrito.

---

[7] Trecho provavelmente inspirado pelo trecho VIII do 1. II da *Imitação de Cristo* ou *Contemptus Mundi,* como se chamava no tempo de Anchieta. Em quase cada versículo, repete-se o nome de Jesus, como faz Anchieta em cada verso.

Formosura eterna
beleza que não morre, Jesus!
1420 Sem Ele, tudo é morto.
Sem Ele, nada é belo, tudo é belo com Ele:
seu rosto distribui, a quem o vê,
a perdida beleza.
Perfumoso unguento, suave medicina,
Jesus nos sara as asquerosas chagas de mendigo.
1425 Valor onipotente, força irresistível, *Êx 15,3*
Jesus faz a seus servos
desbaratarem medonhos arraiais. *Sl 23,2-3*
Infinita sabedoria de Deus Pai,
Jesus mostra o atalho seguro da justiça.
Como aos poucos se infiltra o óleo cristalino,[8] *Ct 1,3*
1430 também Jesus, caindo no fundo do coração,
suavemente o embebe.
Fogo que alastra pelo peito e o devora, *Ct 8,6*
Jesus torna em chama as neves do nosso seio.
Todo o ornato da Terra, toda a luz do Céu,
Jesus veste de honra a Terra, veste de honra o Céu.
1435 Chuva torrencial de amor inexaurível, *Is 55,10*
Jesus dissolve incessante as rochas do coração.
Apaga os dardos incendiados do furor divino
que se acendera, devastando a Terra criminosa.
Cisterna de alegria, abismo de bondade,
1440 Jesus, termo último do mal,
origem primeira do bem!
Amor delicioso, remédio para o amante,
Jesus alimenta como fogo das veias
a ferida do amor.
Salvação e liberdade única do mundo,
Jesus! Sem ele salvação e liberdade

---

[8] Junto a esses versos, vale a pena citar as palavras de Anchieta, em seu Sermão de 1576: "Deseja Deus Nosso Senhor, fonte divina que nunca se esgota, infundir, no pecador o suave licor e óleo de sua misericórdia".

CANTO II – A ENCARNAÇÃO DO VERBO

são palavras!
O valente armado
1445 despojará das armas o tirano,
abrirá as algemas e grilhões dos réus.
Disturbará os gazes sufocantes do inferno
e o contágio mortífero do crime hereditário.
Vida dos condenados, Jesus!
1450 Vida que, com sua morte, à morte infligirá
feroz derrota.
Nome para adorar, o nome para temer, Jesus!   *Fl 2,10*
Genuflete ao ouvi-lo a corte celestial.
Nome atroador, Jesus! O inferno se horroriza
e o vagalhão tripudiante dos celerados treme.
1455 Nome saúde, mansidão e mel, Jesus!
Recurvada, a Terra o adora...
Prosseguir é desfalecer em meio do caminho
se estes louvadores são tempo
e tuas belezas são a eternidade!
Continuar em teu louvor?...
Seria um louco que, em minúscula concha,
1460 quisesse captar o oceano imensurável.[9]

O SANGUE DE JESUS

Eis, ó Senhora, o filho que abrigarás no seio,
o nobre fruto do teu ramo em flor.
Ele será o teu filho Jesus! Assim chamarás
a quem trará a salvação ao mundo.
1465 Assim há de ser! Mas dize-me, Senhora,
quando pronunciarão Jesus teus lábios?

---

[9] Aqui é possível notar uma alusão ao clássico relato sobre Santo Agostinho que, querendo compreender o mistério da Santíssima Trindade, apareceu-lhe um anjo, em forma de menino, que procurava transportar toda a água do mar para uma pequenina cavidade feita nas areias da praia.

Quando chegará esta bendita hora?
Ai! Quando ele, tenro infante, for circuncidado,
suportando, em sua carne imaculada,
o cruel rasgo da afiada sílex,
destilará o purpúreo orvalho do seu sangue,
eternal arroio
1470   de vida, de saúde e de remédio.
Há de soltar vagidos e, para acalentá-lo,
lhe meterás nos lábios
os molezinhos seios.
E teus piedosos olhos
serão, ó Mãe, duas torrentes de lágrimas
rasgando em teu coração, profunda chaga.
1475   Pálida de turbação,
pensarás a chaga a sangrar, enquanto, à mente,
outra hora mais triste se apresenta.
Um dia, despedaçada
pela morte cruel do filho amado,
acariciando seus divinos membros
uma espada varará tua alma.
Entanto apertas aos seios virginais
1480   o lindo infante a chorar,[10]
curvas o rosto belo ao rosto inda mais belo
do filho a gemer.
Orvalhando o leito mais puro, os botões de teu peito
regarão os lábios trementes de Jesus.
Esforçando-te, em vão, por mitigar-lhe a dor,
exasperas a ferida do teu lado delicado coração,
1485   enquanto a cicatriz, a seu tempo,
do tempo não cobrir a ferida
que lhe aflige o corpo e te punge a alma:
porque ambos construirão piedosamente
a nossa salvação,

---

[10] São Bernardo, *De Assumpt.*, Sermo I.

CANTO II – A ENCARNAÇÃO DO VERBO

com Maria, Jesus, e com Jesus, Maria!
Quando, pois, a teu filho chamares Jesus,
1490 nome novo, que há de comprar com muito sangue,
quem poderá, ó divina Sapiência,
perscrutar teus desígnios,
as maravilhosas obras da tua mão?
Circuncidado e chamado Jesus!...
Nome de justo e obra de réu se abraçarão em Cristo!
1495 Receberá com a ferida do corpo
a marca do pecado,
e o nome de Salvador o ilustrará.
Nada há que o amor não possa suportar:
tudo pode a dedicação, e tudo o afeto.
Vencida pelo excessivo amor com que nos socorreu,
1500 Deus, fonte primeira e última do bem,
te dará, ó venturosa, seu próprio Filho,
que será, por teu meio,
o nosso irmão e o nosso vingador.[11]
Semelhante em tudo aos seus irmãos,[12]   *Rm 8,3*
menos na mancha,
ele trará o estigma do pecado, sem pecado:
1505 para que assim, verdadeiro Jesus, destrua
o corpo do pecado,
como Filho de Deus e como Filho teu.

AINDA O NOME DE JESUS

Nome formoso, amabilíssimo nome de Jesus,
Amor da mãe, glória do Pai, honra do irmão!
Jesus, mais claro que o Sol, mais alto que o Céu,
1510 mais quente que o fogo, mais fresco que a neve,
mais rijo que a espada, mais suave que o óleo,

---

[11] São Bernardo, *In Nativ. B. M. V.*
[12] São Bernardo, *Super Missus,* Com. IV.

mais duro que as rochas, mais brando que as águas!
Tu, que mais forte que o forte leão, tudo arrasas,
tombas perante todos,
mais manso do que o manso cordeirinho!

1515 Não há, na Terra, moeda que te compre:
Tu és ouro puríssimo sem preço!
Dás e não recebes, amas e não és amado!
Aos roídos pelo crime,
exasperas mais que o áspero vinagre;
mais grato aos puros do que o vinho puro.
Aos maus é fel, Jesus doçura eterna![13]

1520 Para seres mel aos bons, beberás o fel da cruz!
Ó muito e muito delicioso nome de Jesus![14]
És, à maravilha, mil bens e mil suavidades!
Quem me dera, ó pequenino,
ver-te a sugar, com a boquinha vermelha,
no peito materno túrgido de leite!

1525 Quem me dera o teu santo temor,   *Ct 8,1*
que faz tremer sem tremer
os destemidos arraias celestes!
Oh! Se eu pudesse curvar a teus pés meu peito,
ó nome, glória da Terra e honra do Céu!
Quem te unirá a mim,
quem pelo amor me unirá a ti?

1530 Nada, senão tua doçura!
Nada, senão este teu nome – Amor!

DÁ-ME O TEU JESUS

Tu, ditosa Mãe, o darás a quem ele se der:
pois, assim como é todo de seu Pai celeste,

---

[13] São Bernardo, *In Cant.* Cant., XXVI
[14] Como jesuíta, aqui o poeta exalta a grande devoção da sua Ordem Religiosa ao Santíssimo Nome de Jesus.

CANTO II – A ENCARNAÇÃO DO VERBO

assim é todo de sua Mãe!
A pedra afiada do sacrifício buscará Jesus:
seu sangue temperará, em nosso peito,
a labareda da concupiscência.

1535 Estende, pois, já agora,
a este mendigo, tuas mãos benignas:
se me dás Jesus,
ele só me basta e ele até me sobra!
Tua mão, ó Virgem, e a dura ferida do menino,
extinga, no meu seio, o incêndio da impureza!
Rasga-me com essa pedra o coração

1540 e insculpe nele indelevelmente,
em letras de sangue, o nome de Jesus!
Enxertai-vos, para sempre, em meu coração,
nomes dulcíssimos,
ó belo Jesus, ó formosa Maria!
Arrebate-me o amor violento do formoso Jesus,
arrebate-me o amor sublime da Virgem bela!...

1545 Mas, por demais te retardei, ó Mãe,
com este meu interminável canto:
arrebatou-me um amor repentino
deste nome novo!
Anseiam as asas do embaixador celeste
por tua resposta:
mostra, enfim, Senhora, a nobreza de tua alma!

RESPOSTA DA VIRGEM AO ANJO "COMO SE FARÁ ISSO?"

A PRUDÊNCIA E A FÉ

Nessa encruzilhada de tua vida, ó Virgem,
1550 que estrada tomará
tua alma previdente e vigilante?
Já o teu humilde coração tremia
ao ouvir os primeiros louvores,
pensando que não havia, em teu pequenino ser,
um bem sequer.
[que farás, vendo-te elevada aos píncaros da glória,[15]
muito acima dos anjos e dos homens?]
1555 Agora, ouves que hás de ser a Mãe do excelso Deus,
obra a todo elogio superior!
Quanto mais te exalça o anjo às alturas do Céu,
tanto te precipitas aos báratros do nada.
Contudo, nenhuma dúvida te turva a alma,
1560 nem a mente enfraquecida cambaleia em fé instável.
Crês realizável esse mistério e, com segurança,
avassalas o futuro
que os profetas cantaram em seus hinos.
Tua virtude cresce dia a dia, haurindo novas forças,
quanto mais te abastes e aniquilas a teus olhos.
1565 Quanto mais a tua sabedoria penetra
essa carga ingente,
tanto mais descobres que excede a força humana.

---

[15] Os versos 1553 e 1554 faltam na primeira edição do *Poema*, organizada por Simão de Vasconcelos (1663), mas encontravam-se nos manuscritos de Algorta, que se conservava com longínquos parentes de Anchieta, até serem, infelizmente, consumidos por um incêndio. Porém, como os manuscritos jesuíticos eram todos realizados em várias cópias e imediatamente enviados a Roma, o arquivo histórico da Cúria Geral da Companhia de Jesus conserva o manuscrito do Poema e da maioria de outros documentos autênticos de Anchieta.

CANTO II – A ENCARNAÇÃO DO VERBO

Supera qualquer peso de méritos mortais
o encargo de dar veste de carne ao Deus eterno.
Por isso, dando a Deus o todo que lhe pertence,
1570   a ti, Virgem, reservas humildemente o nada!
Cheia de fé e do divino Espírito,
tua alma santa
crê-se chamada a tão alto destino.
Tua fé, com grande peso de glória, vence
a fé dos antepassados,
em sua generosa persuasão.
1575   Crês e inclinas o coração à voz divina:
sem delongas, dobra-se à vontade do Senhor
tua alma dócil.

O AMOR DA VIRGINDADE

Mas enquanto te pesa sobre a mente
o risco gigante da virginal pureza,
tua única e amorosa preocupação,
teu coração hesita:
apostado a cumprir o mandato do Senhor,
1580   ele olha pela virgindade e treme!
Tingindo o rosto ao rubor da inocência,
perguntas como se farão tais maravilhas:
"De que maneira se fará o que me dizes,
divino Jovem?   *1583-1600: Lc 1,34*
Que meio se empregará na execução?
1585   Avultará meu seio ao peso de uma concepção?
Sugará de meu peito a seiva que o sustente?
Fugi sempre o contato da carne!
Eternamente esposada,
eu não tenho marido, tenho esposo!
Imaculada ainda
sem o pacto do leito conjugal,

1590 meu pudor vive na virgindade intacta!
O veemente amor da eterna e integral pureza
comigo cresceu, desde os primeiros anos!
Virgindade inviolável e imaculada alvura
é o selo eterno pregado em minha alma!
1595 Se tal ordem recebo e hei de ser, por qualquer preço,
a Mãe do Deus imenso,
alegro-me de ter por dote tão excelsa glória,
sujeitando meu ser ao poder do Senhor.
Mas entristeço-me, se, para tornar-me Mãe,
ficasse despojada
1600 da bela flor da amada virgindade!"
É com tais palavras, que rompes, ó Virgem,
tão longo silêncio?
Assim descerras teus modestos lábios?
Ainda tens dúvidas por aclarar?
1605 Escolhe-te, para viver de teu peito,
o Verbo onipotente,
e ainda te dá receio a virgindade consagrada?
Tanto cuidado assim pela pureza?
Tem tanta glória assim a castidade?
É tão preciosa assim a joia do pudor?
Por que te batem à porta do coração tantas razões?
1610 Por que tanto perguntar os modos e as maneiras?
O modo da maternidade, seja ele qual for,
que importa, se é teu Filho o Senhor do universo?...
Mas engano-me, insensato! Engano-me:
as razões da sensualidade
se afogam no alto mar da tua castidade!
1615 A tal ponto a tua graça excede a nossa vida,
como a luz de Sol radiante
excede a das estrelas.

O EXEMPLO NOVO

Não foram exemplos de nossos primeiros pais
que te ensinaram passos tão agigantados
em trilhos tão difíceis!
Nenhuma filha de Adão te precedeu na marcha,
1620 deixando, nas pegadas, guia a teus passos.
Peregrina única dos céus, subiste aos astros,
desprezando o chão lodoso deste mundo.
No dilúvio do crime, a terra submergida
não tinha um ramo   *Gn 7,9*
onde acolher teus pés, pomba celeste!
1625 Por mais que procuraste, não achaste,
na longa série dos antepassados,
uma estrada, que trilhar pudesses.
Deixas, pois, o nosso mundo e, com asa veloz,
transpões o firmamento
para buscar no Céu o que não tem a Terra!
E, sorvendo pureza e vida celestial,
não te contentas
1630 com as fontes em que bebem os anjos.
Voas mais alto a saciar-te no perene manancial
donde decorre todo o bem, em Deus!
Tomando-te pela mão,
Ele te introduz na arca do seu peito
e te abre seus cofres inexauríveis.
1635 Aqui descobriste o preço da pureza,
daqui procede a origem da tua virgindade.
Daqui, sequiosa, tiras cheios os copos
desse vinho fecundo,   *Zc 9,17*
de que surge a legião das virgens!
Pois, aquele que, desde toda a eternidade,
determinou que fosses, na estrada da pureza,
1640 a vida, a salvação, a guia e a companhia,

também quis que fosses Mãe de seu Filho,
não de um modo ordinário,
mas belo, sublime, divino!
Ele traçou as primeiras normas da virgindade
e preservou da mancha
a tua vida, a tua mente, a tua carne,
1645 para que a tua virgindade fecunda
enriqueça o mundo,
para que a tua fecundidade virgem
embeleze o universo!
És a primeira a trilhar atalhos ocultos,
a subir às alturas do Céu por nova senda.
És a primeira a rasgar estrada larga,
1650 entre espinhais, vencendo horrores de caminhos.
És a primeira a empreender viagem
por trilho impraticável,
calcando, aos níveos pés, ásperos seixos.
És a primeira a atingir os árduos cumes da pureza,
por meio de quebradas e ínvios rochedos.
1655 No mais alto desse cume,
plantas a tua bandeira imaculada,
mais bela do que o Sol, mais alva do que a neve!
O caminho, ainda há pouco, íngreme e duro,
torna-se plano e suave, ao piso de teus pés.
Já bate a mesma estrada o exército dos Virgens,
1660 presos no tremular dessa bandeira!
Já ligado o coração pelo voto de virgindade,
correrá, a teu exemplo, o homem e a mulher.
Ó tronco e mestra da primeira castidade,
Mãe da pureza, caminho do belo amor!
1665 Ó noiva eterna,
honra da Terra e glória do cristalino Céu,
modelo de virtudes, píncaro de formosura.
O céu muito te deve:
o pó da terra chega à pureza do céu,

CANTO II – A ENCARNAÇÃO DO VERBO

a teu exemplo, em corpo miserável.
Muito te deve a terra:
enquanto se embebe da pureza do alto,
1670 vai conquistando os tronos celestiais!

CONTRA HELVÍDIO[16]
(QUE NEGA A PERPÉTUA VIRGINDADE DE MARIA)
E CONTRA CALVINO
(QUE LHE NEGA O VOTO DE VIRGINDADE)

CEGUEIRA DE HELVÍDIO[17]

A mudança soberba
entumece um coração orgulhoso,
e a paixão violenta anuvia-lhe os olhos.
Ele não te contempla, ó Virgem, envolvida
nesse nimbo fulgurante de luz
e no clarão de tua eterna virgindade.
1675 Não admite que pudesses firmar com voto
o teu coração
pisando, triunfante, o disco variável da Lua.
Não crê que de teu tálamo pudesse sair
o Sol radiante,
sem rangerem as portas nos seus gonzos.
Não vê que dessa fonte,
marcada com o selo divino da pureza,   *Ct 4,12; Jo 4,10*
1680 não podia jorrar senão a água viva.
Não afirma senão
que esse jardim, rodeado de altos muros,
abriu-se e foi calcado por estranhos pés.
Como não pode enxergar os raios da divina luz,
donde flui o brilho de teu corpo e de tua alma,
1685 rouba-te a honra da perpétua virgindade
e afirma que baixa união te maculou.

---

[16] Helvídio, que teve suas heresias refutadas por São Jerônimo.

[17] As expressões utilizadas por Anchieta, nesse trecho, são muito fortes. É importante considerar a época em que o poeta escreveu e sua indignação apaixonada contra as heresias que estavam sendo propagadas, principalmente quando estas tocavam em temas marianos.

CANTO II – A ENCARNAÇÃO DO VERBO

Aguilhoado pelo dragão infernal,
quem assim invejoso enfurece
é o lívido Helvídio, o pérfido Helvídio!
Com sombrio coração roído pela lepra,
1690 atira-te setas envenenadas em fel de víbora.

NOVA SERPENTE

Monstro, por que inchas
com a inveja da antiga serpente?
Por que róis com esses loucos dentes
a beleza da Virgem Mãe?
Como homem carnal,
ousaste lançar, nas chamas da lascívia,
a sarça, que não arde no meio da fornalha?   *Êx 3,2*
1695 Ousaste, sujo animal,[18]
desviar as tuas águas lamacentas
para as torrentes límpidas da fonte sigilada?
Ousaste, venenosa cobra,
tocar, com essa tua maldita língua,
o leito alvíssimo do eterno Deus?
Ousaste rasgar o casto velocino[19]   *Jz 6,37*
1700 e, depois de espremer-lhe o celestial orvalho,
mergulhá-lo em vasa imunda?
Ousaste forçar as portas divinas dessa aurora
e arrancar-lhe os selos divinais?
Esforça-te por envolver na sinuosa cauda
e ferrar os cautelosos pés da Virgem,
com os ferozes dentes?

---

[18] Comentando esse trecho, o Pe. Armando Cardoso alerta que convém recordar que o uso de termos fortes é todo inspirado na maneira própria do tempo e na indignação sincera de um filho que vê rebaixar a honra de sua mãe por um vilão. Tais se mostraram os hereges do século XVI para com a Santíssima Virgem.

[19] Alusão ao velo de Gedeão.

1705 Teu veneno supera, acaso, ao da antiga serpente?
Cometeste mais crimes e traições que ela?
Ela, por primeira, armou suas ciladas
à Virgem pequenina,   *Gn 3,15*
para ferir-lhe, com os dentes venenosos,
o calcanhar de neve.
E tu tentas profanar, com a boca de víbora,
1710 e manchar, com a peste da impureza, a inocência?
Ela, porém, que calcou aos pés vitoriosa
a cabeça da velha serpente,
esmagará também a tua!
Mergulhar-te, para sempre, nos tenebrosos pauis,
será a eterna glória da virgindade de Maria.

A BLASFÊMIA IMUNDA

1715 Sim, ó crime horrendo!
O tálamo, o sacrário do Senhor,
poderia, algum dia,
abrigar o fruto da concupiscência?
Ela, vergada ao jugo da sensualidade?
Ela, a quem todo o Céu venera, venerando a Vênus?
Essa glória, esse brilho,
1720 por quem suspira o Rei do excelso trono,   *Sl 45,12*
a suspirar de impureza?
Esse templo de honestidade, recanto de pudor,
leito de candura, palácio de santidade.
Mais resplendente do que o Céu sereno,
podia ser essa face maculada
por uma nódoa, por um hálito sequer?
1725 Cala-te, cão, e refreia essa língua malvada!
Cerro, às tuas palavras, meus ouvidos!
Não entre homens, mas entre imundos porcos,
deverá viver quem, mais do que eles, é imundo,

CANTO II – A ENCARNAÇÃO DO VERBO

entre fúrias e dragões do inferno,
1730 a soltar uivos de dor nas eternas fornalhas.
Tu só, Virgem puríssima,
grava-me, no coração, a tua imagem,
tu só faze-me ouvir a tua voz suavíssima!

O DRAGÃO DO INFERNO

Mas eis que um novo dragão de peito escamoso
se arrasta pela lama
e arqueia o ventre em bojo horrendo.
1735 Tais monstros quem os vomita?
São as cavernas da Terra
ou os fétidos pauis do inferno?
Creio que só do abismo, da vasa do Aqueronte,
poderia surdir essa desgraça.
Escancarando as fauces sangrentas, ei-lo que vem:
1740 fugi, ovelhas,
não vos arrebate nos dentes esfaimados.
Calvino, essa peste lançada pelo inferno,
traz manjares que matam vossas almas.
Fugi, fugi do assassino,
quantos amais a eterna vida! Fugi do assassino!
1745 Arredar! O monstro mergulhado em chamas
tem sede inextinguível:
atira à destruição as fauces venenosas.
Nem perdoa à Terra, nem perdoa ao Céu:
nem a ti, Deus de bondade,
nem a ti, Virgem Santíssima.
Se ele poupa à pureza de teu corpo,
1750 tira, ó Mãe, toda a beleza e mérito
à tua alma imaculada.
Nega que algum dia
ligaste o coração e o corpo intacto

com o voto de perpétua virgindade.
Não é para admirar,
concorda com a vida a boca:
nas palavras retratam-se os costumes.
1755 Que pode tua língua proferir de puro, ó Calvino,
se tua vida mergulhas num mar de lama?
Trocando o Cristo pelo insano Baco,
é o vinho o amor e o deus de tua língua!
Trocando a Virgem pela imunda Vênus,
1760 a luxúria é a guia, deusa e lei de tua vida!
Estes deuses adoras,
estes ídolos abraças de todo o coração,
bem dignos do teu nome e teu caráter.
Estes deuses, Calvino, eis a tua guarida:
é Baco tua língua,
é Vênus tua vida!

O NOME DE CALVINO

1765 O teu nome fala eloquentemente
de teus costumes e teus exemplos.
Cada vez que o nome de Calvino
me ressoa nos ouvidos,
calor e vinho, eis o que percebo.
Escalda-te o vinho demasiado, Calvino,
1770 e, borbulhando ao seu calor, explode a luxúria.
Ardendo, no teu peito, a dupla chama,
pela boca vinolenta,
forçosamente hás de lançar torpezas.
Rebolando no lodo, qual imundo suíno,
estirado, passas, manhã e tarde, noite e dia,
1775 desejando tornar simílimos a ti
teus companheiros,
e que no mesmo esterco contigo se revolvam,

CANTO II – A ENCARNAÇÃO DO VERBO

esmagas, com o asqueroso pé, a pérola preciosa,
rasgas a glória intacta de Maria,
para que ninguém se atreva, a exemplo dela,
e contra a tua vida,
1780 a ligar com a virgindade o coração.
Deliras, ébrio Calvino!
Mergulhado no vinho, não admira
se desvairado, ruges tais blasfêmias.
A língua escalada governa-se pelo vinho:
falar sensatamente,
ainda que o queiras, Calvino, não o podes.
1785 Tua vil figura de soberbo e imundo,
ao som de teu nome, surge ao meu espírito,
sob tantos aspectos, tantas imagens
quantos vícios hediondos medram
em teu podre coração.
Agora inclino-me a julgar
que derivaste o nome da cal e vinho:
1790 um e outro expressam os teus costumes.
A cal é a falsa piedade com que caias   *Mt 23,27*
o teu sepulcro:
o vulgo julga-te cândido e piedoso,
mas o furor do vinho, que esgotaste e em que mergulhas,
te trai e deita fora o que, por imundo,
se escondia em tua alma.
1795 Julgo-te o nome propriíssimo: és calvo,
porque, sem fé e sem juízo,
procuras calabrear a todos.

MONSTROS DE VÁRIAS FORMAS

Agora te vejo lobo em pele de cordeiro,   *Mt 7,15*
a escancarar as fauces sanguinolentas,
a trucidar os míseros rebanhos,

1800 sem dar o menor sinal de ter matado
a fome e sede inextinguível.
Já me pareces um cerdoso porco, 2Pd 2,22
que encontra suas delícias
em revolver-se em tremedais de lama.
A exalar mau cheiro,
sempre tudo o que tocas contaminas:
tua boca torna, em lodo, os manjares mais limpos.
1805 Com o peito a transbordar pestífero veneno,
rastejas pela terra, às vezes,
à maneira de traiçoeira serpente.
De teus olhos sinistros saltam chamas de enxofre,
abrasando a terra e abrasando o mar.
Pelos blasfemos lábios, vomitas veneno mortal:
1810 tua língua crepita como fogo do inferno.
A uns trucidas
nas espirais de tua pesada cauda,
a outros, nos teus dentes cobertos de peçonha.
O hálito de teus cavernosos pulmões
vicia a leve aragem
e prostra, por terra, a muitos homens.
1815 Teu exterior, tuas feições e gestos
trazem-me à mente a figura da raposa,
que armou ciladas e espreita.
Com estes disfarces, caças os corações incautos,
e ensinas a outros semelhantes fraudes.
Agora despes a pele de raposa
1820 e tomas o semblante de raivoso cão.
Quem te emprestou tal aparência foi o próprio Cérbero,
que uiva às portas sombrias do inferno.
Com suas três cabeças,
enche de horror as almas condenadas
e, afugentando-as, impede a evasão do abismo.
1825 Tu, com teu ladrar, saído também de três bocas,
sacodes mar e terra,

CANTO II – A ENCARNAÇÃO DO VERBO

e a multidão dos ímpios emudece.
Assim impedes que os homens,
vazios de lei divina e de juízo,
saiam do horrível cárcere da morte.
O fogo da avareza, a soberba de uma vida oca,
1830 o ardor da tua carne imunda te arrebatam.
São estas as três bocas
que ladram, de contínuo, escancaradas:
daqui te vem a fúria da devastação.
Esfrangalhas, nos dentes, os santos altares
e abres as queixadas contra os sagrados templos.
1835 Rasgas, a dentadas, as imagens dos santos,
e escavas os túmulos sagrados
para roer nos ossos sacrossantos.
E para não te ficar esperança nenhuma
de eterna salvação
e ser mais certo o teu rolar no abismo do inferno,
arremetes com os dentes
a beleza imaculada de Maria,
1840 negando-lhe a glória de um casto voto.
Só dela te poderia vir remédio aos males,
se, porventura, te lembrasses de a honrar.
Com esta blasfêmia
transbordou a medida de teus crimes:
puseste, com essa mancha, o colmo às tuas culpas.

UM ÚLTIMO OLHAR

1845 Depois que te vi mudar o torpe aspecto
tantas vezes,
fico sem saber a imagem de teu rosto.
Monstro horrível, cruel, disforme, inconcebível,
engolfado em mil torpezas, eis que o vejo.
Por fim, Calvino, se te escalda o calor do vinho,

1850 ferve, em teu peito, a brasa da sensualidade.
Se te caia, por fora, a brancura do cal
e o vinho te atraiçoa
e queres, calvo de juízo, descalvar a todos;
se és lobo, imundo suíno,
cruel serpente, cão raivoso, astuta raposa;
1855 se és, enfim, um monstro
de muitas figuras e disforme sempre,
seja o que fores, foste, és e serás uma peste!
Dizem que a tua fé, Calvino, é grande:
sim, confesso, é grande a tua fé...
no vinho e nas torpezas!
De esperança certa goza segura a tua mente:
1860 esperança certa, também o confesso...
de arder no inferno!
Será tua sabedoria grande entre os Gauleses:
bem o creio...
Galo bebeu do rio da loucura, e se enfurece![20]
Já que nada tens, nem na cabeça nem na boca,
para seres sábio entre Gauleses, deves ser um galo!...
1865 Mas onde estou?
Onde me arrastou o ímpeto de santa ira?
Minha alma, larga esse cão, larga esse suíno!
Já causa asco falar a esse imundo
que nada sabe a não ser torpezas.
Volta, à Senhora, as velas de teu barco,
e, aos beijos virginais da brisa sobre o mar,
1870 apressa-te a continuar a rota
do canto virginal!

---

[20] Alusão à lenda encontrada em Ovídio, na qual sacerdotes, chamados galos, bebendo do rio de mesmo nome, tinham acessos de loucura (cf. Ovídio *Fastos*, v. 363).

CANTO II – A ENCARNAÇÃO DO VERBO

O ESPÍRITO SANTO VIRÁ SOBRE TI...

VIRGINDADE E ONIPOTÊNCIA

Já, ó Virgem, chamam-me teus olhos fulgurantes
a doçura de tua voz piedosa
e a beleza de teu rosto.
Mas o espanto gela-me intimamente o peito,
e os olhos nada enxergam em tanta luz.
Ouço o mensageiro celestial dizer-te,
com voz iniludível,
que hás de encerrar, no seio, o mesmo Deus.
Ouço-te responder, com voz humilde,
que as portas de tua pureza estão fechadas
com rígidos ferrolhos.
Vejo-me mergulhado
no pego imenso de tantas maravilhas
e sinto-me afogar nesse caudal ingente.
Tu, submetendo teu coração à vontade de Deus,
esperas ouvir o modo da execução divina.
Ouve, pois, com atenção,
a resposta do intérprete celeste,
que vai satisfazer à tua pergunta:
"Não se fará isto,   *1885-1900: Lc 1,35-97*
conforme a lei da natureza, ó Virgem,
nem te profanará mortal algum.
O Espírito, baixando sobre ti do alto,
revestirá de pureza tuas entranhas
e cobrir-te-á o seio com sombra onipotente:
e quando encerrares este fogo do céu
no sacrário do seio,
não sofrerá tua pureza mancha alguma.

Nenhuma dor sentirás ao dares à luz
o Filho, que o é também do eterno Pai.
Ao nascer, nenhum agravo sofrerás, pois ele próprio[21]
será o guarda de tua virgindade.
E eis que Isabel, tua parenta,
1895 que estéril, viu transcorrer os anos da velhice,
é, agora, mãe,
concebendo em tão avançada idade,
e carrega o seu fruto, há já seis meses.
A sabedoria de Deus é onisciente,
1900 e onipotente seu poder altíssimo!"
Ouviste, afinal,
os oráculos misericordiosos do Senhor,
que o jovem celestial te anuncia?
Ó Virgem admirável, honra de nossa raça,
saúde, vida e descanso de minha alma!
1905 Ouviste, e tripudia teu peito em feliz anseio,
em chama celestial tua alma exulta.
Eis que nenhuma nódoa resvalará
ao véu do teu pudor:
o Redentor nascerá de tua carne!
Teu seio arqueará com a divina carga,
1910 sem, contudo, lhe sentir o peso.
Desejavas ardentemente ambas as graças:
Aí as tens,
a honra maternal e a virginal candura.
Não esquadrinhes mais, ó Virgem, causas de dúvida:
não há motivos mais para demoras.
1915 Já tudo está seguro: as portas de teu seio
ficarão imóveis, nos gonzos intangíveis,
e firmes seus umbrais.
Abre, depressa, os arcanos de tua alma,
desprende os doces lábios em faustas melodias!

---

[21] São João Damasceno, *De Fide Orthod.*, 4, 14.

CANTO II – A ENCARNAÇÃO DO VERBO

Inclina ao Pai Eterno tua pronta vontade:[22]
1920 pois, de há muito, ele roga o teu assenso.
Não ouves as vozes que te envia lá do céu?
Como clama docemente aos teus ouvidos:
Ó minha amada,
a mais amada entre as filhas queridas:
tu somente ao meu Verbo vestirás com tua carne!
1925 Dize-me depressa,
dize-me uma palavra, um som sequer:
descerra, aos meus ouvidos, teus lábios dulcíssimos!"
Não ouves como, vigiando aos teus umbrais,
o Filho te insufla, com instância, estas palavras:
"Fala, ó doce irmã,
solta o veio riquíssimo de tua voz,
1930 abre as portas de teu assentimento!
Não sofrerás, à minha entrada, estos de Sol,
nem, ao sair, hás de sentir violência.
O sereno umedece a minha fronte: *Ct 5,2*
divino Orvalho,
orvalhados trago sempre os meus cabelos".
1935 Não ouves como o Espírito divino,
preso de eterno amor,
te bafeja o coração com esta aragem: *Ct 5,1*
"Ó tu, que te deleitas em jardins cheios de frutos,
coroando a fronte de afogueadas rosas,
eia, fala!
Ressoe finalmente a tua voz aos meus ouvidos!
1940 Decorra esse leite delicioso de teus lábios!"   *Ct 4,11*
Porventura, ó Virgem, única esperança nossa,
ainda o rubor tímido e casto te deprime
o virginal semblante?
Fala! O que esperas? Todo o mundo, em súplica,
estende ao teu casebre as mão encadeadas.

---

[22] São Bernardo, *Super Missus* Com. IV, n. 8.

1945 Curva-se aos teus umbrais o alto céu,
lançando a teus pés todos os astros.
Ao teu conspecto, os coros celestiais,
prostrados, te multiplicam rogos.
Que ressurjam, com teu divino parto,
as muralhas da sua cidade,
1950 derrocadas pela cauda do dragão antigo.

A TERRA À ESPERA DO "FIAT"

Vê: suspiram longamente nossos pais,
no escuro e duro cárcere do limbo.
Soluça o primeiro homem,
com a garganta atravessada pelo fruto amargo.
1955 A primeira mulher
te desentranha a série de suas dores,
os trabalhos do parto, os danos de seu sexo.
Contempla, nos olhos tristes de nossos pais,
as lágrimas a fio,
e os ferros que lhes vergam as mãos
há tantos séculos!
Ouve os lamentos que arranca a Terra,
sepultada nos crimes e inchada de feridas!
1960 Perdão às faltas, bálsamo às chagas pútridas
e fim a tantos males,
eis o que ela em prantos te suplica.
Geme o mundo por danos que o cobrem,
de um polo a outro polo, do Oriente ao Ocidente...
1965 Com o semblante sulcado de lágrimas eternas,
os povos da Terra
estão todos ululando às tuas portas!
Oferecem-te, agora, o saldo às nossas dívidas:
Se aceitas, eis-nos imediatamente salvos!
Formou-nos a sabedoria de Deus, com sua palavra.

CANTO II – A ENCARNAÇÃO DO VERBO

1970 Com a tua nos reformará ainda mais depressa.
Vamos, pois! Responde ao paraninfo,[23]
que só atende tua resposta para bater as asas.
Ainda que pequena seja a demora na resposta,
é sempre longa a demora
que adia um bocadinho tantas alegrias.
1975 Já teu silêncio agradou bastante ao Pai supremo,
agora mais lhe hão de agradar tuas palavras.
A morte campeia feroz,
e tu escondes a vida em teus lábios?
Tombará, à tua voz, vencida a morte,
e tu, meditas e calas?
Fala! Não te demores mais,
solta o teu verbo para que o Verbo divino
1980 venha habitar, ó Virgem, no teu seio.

O FIAT E A ENCARNAÇÃO

Mas, minha alma, por que turbas a santa donzela
com teus clamorosos rogos?
Por que estruges, desafinadamente, língua molesta?
Ela sondará profundamente
esta obra portentosa e, a seu tempo,
proferirá palavras admiráveis de prudência.
1985 Tu, põe-te a escutar,
pois só doçura paira em seus lábios,
mais doces do que um favo.
Eis, vai-se abrir a boca da colmeia,
e a chuva de mel começa a cair:
"Aqui está a escrava última de Deus eterno,   *Lc 1,38*
1990 a mais mesquinha das servas do Senhor.
Aceito, no mais íntimo da alma,

---

[23] Paraninfo é chamado, aqui, o anjo, como São João Batista chamou-se a si mesmo a respeito de Jesus.

as ordens soberanas
e ouço, obediente, os seus dizeres.
Faça-me em mim, ó santo mensageiro,
segundo tuas palavras,
pronta para crer e pronta para amar!
1995 Isto somente disse, e a Virgem se calou:
por seus membros se espalha
uma chama dulcíssima de fogo inusitado.
Uma sombra orvalhada,
sobre suas entranhas virginais, descansa,
e meiga aragem sopra no horto cerrado de seu seio.
No mesmo instante, o Verbo escondido
ocupa o sagrado seio,
2000 e a Virgem Mãe concede o autor da vida.
A substância divina veste forma humana,
e uma mulher abarca, dentro em si,   *Jr 31,22*
um homem perfeito.
Tanto pode um arroubo do amor de Deus
e tanto mereceu a fé profunda
de uma humilde Virgem!
2005 Que vibrações não te correram, ó Virgem,
nas fibras do coração.
Que movimentos não te borbulharam
no peito sacratíssimo,
quando este Filho,
apenas concebido assim de modo insólito,
faz estremecer o abrigo do teu seio,
quando sentiste dilatar-se as entranhas,
2010 deixando-te intactos os selos do pudor?
A natureza emudeceu de espanto[24]
perguntando a si própria
o modo de tamanha conceição.
O amor superou as leis comuns da natureza,

---

[24] São Pedro Crisólogo, *Sermo* 117.

CANTO II – A ENCARNAÇÃO DO VERBO

e Deus é concebido
sem que a carne dissesse uma palavra!
2015 Enclausura-se, em teu seio, a imensidade
que a cúpula do mundo não abarca!

EPITALÂMIO DIVINO

Exulta, ó Virgem, palácio de ouro do sumo Rei,
e entoa doces melodias, majestosamente!
Tece louvores a Deus,
morada santa de Sião,   *Is 12,6*
2020 pois já o Onipotente se reclina em teu leito.
Fortificou-te as portas com invictos ferrolhos,
e selou eternamente a tua virgindade.
Ele te sacia com o trigo louro da vida,   *Gn 27,27*
que brota, sem semente, no teu campo.
2025 No penhor do teu seio,   *Gl 4,5*
Ele abençoa todos os seus filhos,
que o amor do Pai celeste, desde hoje, adota.
Ele arroja ao campo virgem de teu seio
a Palavra eterna
com que criou os séculos e o mundo.
Salve, ó Virgem, rica de Deus, riquíssima Virgem,
2030 vazia de prazer humano, mas cheia de Deus!
Leito real, ameno Paraíso,   *Ct 1,12*
Palácio delicioso do amável Jesus!
Templo formoso do Salomão divino,   *1Rs 6,7*
no qual Deus entrou sem o menor ruído!
2035 Descanso felicíssimo do Verbo,
Sala de alegria, Tálamo de gozo!
Salve, seio feliz e imaculado![25]
Entranhas virginais, mil vezes salve!

---

[25] Os hinos ao seio da Virgem Maria eram comuns na Idade Média e se inspiram na passagem do Evangelho encontrada em Lc 11,27.

Desejaria cantar-vos toda a eternidade:

2040 Salve, mil vezes salve!

Tu és, ó seio,

a glória primordial da natureza humana:

és rico e imortal aos olhos do Senhor!

Em ti a alma beatífica do Salvador

contempla, sem obstáculos, o aspecto de Deus.

2045 De ti nos veio

a salvação, primeira e última do mundo,

de ti a liberdade, a graça, a vida!

Salve, mais uma vez, ó Mãe feliz, com teu penhor:

bela virgindade, grande na maternidade!...

CONCLUSÃO AMOROSA

A minha mão cansada incita-me, de há muito,

a fechar teus louvores,

2050 mas eles, de infinitos, não têm portas!

Ao cantar tuas glórias,   *Sl 41,8*

irrompe de um caudal outro caudal,

nem sei que dique poderá represar

tantas torrentes!

Não há medida que abarque tuas glórias

e, aqui, é a matéria que supera a arte!

2055 Quando a mão desiste de continuar o encetado,

tu mesma lhe pões de novo, nos dedos, a caneta.

De novo, sempre novo,

chame-nos assim o teu amor, até o dia

em que nos chame, de uma vez para sempre,

ao reino de teu Filho!

Ó Mãe intacta e Virgem fecunda,

2060 que trazes em teu seio imaculado o Redentor,

rogo-te, pelo amor da virgindade eterna

e pelos gozos puros da maternidade,

CANTO II – A ENCARNAÇÃO DO VERBO

purifiques o mundo do imundo vício da luxúria,
arrebates, com o perfume de tua pureza,
os nossos corações!   *Ct 1,3*

2065 Aprenda, nos grandiosos mistérios de teu seio,
o meu amor a crer, a minha fé a amar!

VISITAÇÃO DA SANTÍSSIMA VIRGEM

DESLUMBRAMENTO DO POETA

Logo que o divino Verbo concebido
encheu o grande leito de teu seio,
e o esplendor da imagem paternal   *Hb 1,3; 2Cor 4,4*
2070   te fulgurou na alma em novos raios,
e deu ao coração, a estuar na sagrada chama,[26]
maior amor ainda e maior graça:
ergues-te de um salto e galgas apressada
os altos montes,   *Lc 1,39*
onde refulge, nobre construção, Jerusalém.
2075   Por que te ergues?
Que ardor te impele, ó Virgem, à jornada?
Por que deixas o doce sacrário de tua casa?
Tu sempre gozaste as alegrias de um ninho plácido:
Por que voas, qual pomba, às serras altaneiras?   *Ct 2,12*
O excelso feitor dos céus
já a ti pequenino se entregou,
2030   depondo a teus pés todo o reino.
Corres em favor da serva, tu, rainha?
Submetes à escravidão tuas humildes mãos
e a Deus, que levas em teu seio?
Quando todo o mundo te deverá servir
como o leito e altar de seu Senhor,
2085   tu, esquecida dos títulos de tua grandeza e glória,
te apressas a servir, com tuas mãos, a serva?
Suspende os passos,
volta, ó Virgem Rainha do Universo!

---

[26] Santo Ambrósio, L. II, *Hom. in Lucae, c. I.*

CANTO II – A ENCARNAÇÃO DO VERBO

Eis que Terra e Céus te dobram o joelho!
Volta a ti mesma os olhos!
É a Deus que levas nas entranhas,
2090 a quem somente compete toda a glória...
Que digo, insensato?
Oh! Não conheço os sagrados intentos
de tua alma nobre e corajosa.
Assim como ofuscam os raios fulgurantes
a pupila que fixa atentamente o disco solar:
2095 assim, ó estrela mais fúlgida que o Sol,
quando pretendo sondar todo o esplendor de tua mente,
tua virtude irradiante me ensombra todo inteiro:
tanta é a luz que me sepulta os olhos!

A MÃE DO SERVO DIVINO

Imensamente grande, foges das grandezas:
2100 porém tanto mais sobes quanto mais te abaixas.
O que na mente do sumo Pai gerou, na eternidade,
desceu ao estreito albergue de teu seio,
para salvar a Terra moribunda
e livrar os corações acabrunhados pelo crime.
2105 Cumula de divinos dons tuas entranhas piedosas
e te aponta nova estrada a palmilhar.
Mestre e guia de tua santidade excelsa,
aniquilando-se, ensina-te a humildade.
Que havias de fazer, quando, ó Virgem,
2110 o soberano poder, a augusta majestade
a ti se sujeitou?
Desce dos altos Céus ao teu regaço,
para, como Senhor, servir aos servos seus!
Tu, sujeitando-te, sujeitas ao que se quis sujeitar,
e ele também faz ofício de servo, que tu mesma fazes.
2115 O que ele fará um dia, ao chegar à idade viril,

lançando as mãos divinas aos mais baixos misteres,
tu já o executas, agora, ó Mãe humilde,
entregando, a ti e a teu filho, ao mister de escravo.
Bondade admirável de Deus,
que se encerra nas entranhas de obscura donzela
2120 e que será, depois, servo dos homens!
Admirável sabedoria da Mãe, que faz com que Deus
seja, agora, o que será mais tarde, um servo!
Eu, pois, recusarei servir a Deus que serve?
Soberbo, rejeitarei misteres ínfimos
para almejar os altos?
2125 A Mãe digníssima do Verbo eterno, a servir,
reconhecendo-se quase indigna do lugar de escrava:
e eu cinza, e eu pó de vil monturo,
a ninguém ser inferior, a todos antepor-me?...
Oh! Antes desejo sejam roídos, por horrenda lepra,
2130 meus pobres membros,
que hão de apodrecer dentro de um túmulo,
do que subtrair a dura cerviz
às ordens do Senhor,
sacudindo dos ombros o seu jugo,
do que deixar fugir,
aos olhos do coração, tua virtude,
ó formosa e humílima Senhora!

A VISITADORA DO MUNDO

2135 Mas prossegue a viagem
e, com belo passo, transpõe os cimos da montanha,
para daí soltar torrentes de misericórdia.
O divino Pai, com o Filho,
te confiou os tesouros todos do cofre dos Céus:
Ele, assim como derrama pelo universo
os seus bondosos olhos,

CANTO II – A ENCARNAÇÃO DO VERBO

2140 levando compassivo auxílio aos afligidos,
assim te depositou, no seio, o Filho unigênito,
a fim de aliviar
os que vergam ao duro peso do pecado,
assim te confiou
o cuidado também do mundo inteiro,[27]
para distribuir pela miséria a misericórdia.
2145 Quando te honrou com a glória da maternidade,
te impôs o grato dever de carinhosa mãe.
A todos consolas, boa Mãe, com teu manso olhar,
e ninguém suplica, em vão, os teus poderes.
Se purulentas úlceras lhes serpeiam pelos membros,
2150 cicatrizam-se à tua celestial presença.
Se dor cruel lhes atormenta o corpo,
foge vencida, à luz do teu olhar.
Se o mar, revolto por hórrida procela, ameaça
tragar, nas ondas, a vida ao marinheiro,
2155 tu alisas o mármore das águas,
abrandando os ventos,
qual mansa brisa soprando em mar tranquilo.
Se esquadrões inimigos atacam a fortaleza,
incutes o medo em suas fileiras e os derrotas:
percorres as linhas de batalha, assistes
aos combates renhidos,
2160 e, invencível, esmagas o inimigo.
Visitas os celerados,
presos em sombrios cárceres e, com doce esperança,
alivias aos mesquinhos os longos dissabores.
Visitas esses corpos lúridos,
acorrentados em grilhões atrozes,
a vergar ao peso de jugo ensanguentado,
2165 e quebras as algemas aos descorados membros
e despes a grilheta aos pés entumecidos.

---

[27] Ricardo de São Lourenço, *De Laud. Virg.*, 1. 7.

Aos que rogam o auxílio de teu braço
para o combate último da vida,
tu os reanimas:
afastas para longe dos moribundos
o inferno avaro,
2170 abrindo às almas suave estrada para o céu.
Tens um olhar também para as pobres almas
mergulhadas no mar da obscenidade,
que começam a arrepender-se de seus crimes:
tu as envolves no maternal carinho,
e, aplacando a Deus,
tornas belos, corações horrendos.
2175 Nem sequer abandonas os que, com seus crimes,
incitam a ira do Eterno e não temem o castigo:
a clemência de Deus, vencida por teus rogos,
fá-los-á cair em si, para abrasá-los
no fogo da gratidão.
Mas teu olhar de predileção é para aqueles
cuja vida piedosa,
2180 sem mancha de culpa, deleita o Pai supremo,
para os que se entregaram
ao serviço perpétuo do Senhor,
sujeitando corpo e alma à sua lei.
Tua bondade enche-os de delícias celestes,
ornando-lhes os castos corações de bons costumes.
2185 Tua piedade estreita-os ao seio maternal
e vivem, sem temor, no teu regaço...

A VISITADORA DE MINHA ALMA

Quisera tudo meter neste meu canto:
mas nem língua, lábios, mãos e mente
têm vigor bastante!
Se o tentasse, seria mais louco do que se preocupasse

CANTO II – A ENCARNAÇÃO DO VERBO

2190 abarcar todas as praias que gemem junto ao mar.
Quantos perigos oferece a terra e esconde o oceano,
quantos abismos vomita sobre o mundo
o duro inferno,
para tua bondade é nada:
nunca negou tua mão o que te rogam os pobres!
2195 E, passando em silêncio,
todos os outros inúmeros prodígios,
monumentos do teu amor, ó Mãe,
também a mim o báratro dos vícios
mergulhara inteiramente
e arrastara até o inferno:
tu me socorreste, quando, em minha desgraça,
2200 nada me importava,
castigo ou prêmio eterno.
Tu me socorreste, quando nem os dons celestes
nem o amor de Deus me penetravam a alma.
Tu me socorreste, quando, infeliz, nem te invocava
nem julgava precisar do teu auxílio.
2205 Tu me socorreste... e tinhas-me já dantes chamado!
Sim, fui eu que me calei,
estulto, surdo, inerte à tua voz, e tanto tempo!
Desgraçado de mim! Oh! Quantas vezes,
à tua inspiração doida e insistente,
me não senti abrasar em casto amor!
Mas então não conhecia a Mãe que me chamava,
2210 sua virtude, sua bondade, seu amor solícito.
Tua voz, finalmente,
penetrou-me os ouvidos insensíveis
e teu fulgor venceu a noite do meu coração.
Ergueste a quem jazia
sob a carga oprimente do pecado,
restituindo-me a vida e a salvação.
2215 Se, então, ouvi a tua voz,
se, agora, contemplo o resplendor do céu,

se voltei à vida e se ainda agora vivo,
a ti somente o devo.
Por ti restituída, minha vida.
Por ti escapará intacta à morte eterna.
Fomentam esta esperança
a grande misericórdia de teu Filho,
2220 teu carinhoso amor, tua piedade,
Não só: mas Deus onipotente
à tua bondade ajuntou a onipotência...

COMPANHEIROS DE VIAGEM

É assim que, pressurosa,
sem te deter ao longo da jornada, vais visitar
essa mãe, feliz com o peso do seu fruto.
2225 Nem te amedronta
o pensamento da íngreme vereda,
nem as pedras do caminho te embaraçam[28]
os pés virginais.
Ó amor veemente e veemência amorosa,
vida de chama e chama viva de piedade,
prossegue, eu te suplico, a tua viagem:
2230 se mo permites,[29]
seguir-te-ei como servo, à sua senhora.
Se me tiveres por indigno de ir ao teu lado,
como companheiro em meio da jornada,
sofrerás, decerto, que de longe ao menos
eu vá atrás de ti, calcando, atento,
os sagrados vestígios de teus pés.
2235 Irei rastejando, como a ler os teu passos,

---

[28] São Boaventura, *Spec. 54.*

[29] Aqui, é possível notar claramente um dos aspectos mais importantes da contemplação inaciana nos Exercícios Espirituais. O poeta se insere dentro da cena evangélica e toma parte no
mistério como companheiro de viagem.

CANTO II – A ENCARNAÇÃO DO VERBO

e o pó da estrada, por teus pés marcado,
irei beijando.
Lançando-me por terra,
arrancarei do coração este suspiro:
"Crava os teus olhos nestas pegadas, alma!
2240 Contemplas impressos neste pó
os rastos de tua Mãe:
nele ficou marcada a doce força da humildade!
Se queres atingir
os dourados muros da Jerusalém celeste,
segue a estrada
que diante a ti palmilha tua Mãe.
Precede-te também, neste caminho,
o fruto de seu ventre virginal:
se és sábio, apressa-te a trilhar a mesma senda!
2245 A cidade santa leva só a vereda,
que, encerrado no seio de sua mãe,
Jesus galgou primeiro!"
Mas, ó Virgem, enquanto afronto a encosta íngreme,
com meu vagar te retardo por demais os passos:
vós, ó alada multidão, que habitais o empíreo
2250 e correis mais veloz que as leves auras,
lançai-vos do alto céu, ruflando as penas:
atenciosos, cerrai fileiras ao lado da Virgem.
Ela é o altíssimo trono de vosso Senhor,
mais alta do que vossas próprias moradas.
2255 Neste cume refulge mais belo o firmamento:
pois mais alto que os céus
é quem ela carrega nas entranhas!
Conduzi pelos alcantis esta grávida donzela.
Juncando-lhe o caminho de perfumosas flores,
se, com lágrimas a inundar-lhe o rosto,
2260 o mau rega o peito manchado de crimes
e lamenta as ruínas da inocência;
se, de mil modos, vos agitam grandes alegrias

e entoais doces cantos ao supremo Pai,
esta mulher que há de dar à luz
o purificador dos corações
vos dará novos gozos!

PORTADORA DA SALVAÇÃO

2265 Ela se apressa a delir do filho de Isabel,
ainda por nascer,
a mancha que o primeiro homem transmitiu
a toda a geração.
Ela dará o primeiro sinal da redenção
que se aproxima
e que será o penhor certo do divino amor.
Assim como, à voz suave de Maria,
2270 o menino, inda encerrado no materno seio,
tressaltará de gozo
e, adorando o poder do criador presente,
arrojará a carga da antiga iniquidade:
Assim, quando a fera morte cruelmente
trucidar o corpo, nascido do corpo virginal,
2275 apagará todas as culpas do mundo impuro
e no sagrado rio lavará
o crime de nossos pais.
Entregam-te, agora, ó Virgem carinhosa,
o cuidado de nos salvar, penando nossas chagas.
Agora nos tornarás os corações,
de repugnantes e esquálidos que eram,
2280 agradáveis ao nosso Pai celeste.
Não sei o que mais admirar, se a mão benigna
do Pai que te mimoseou com honra tão insigne,
ou o teu coração, que de tão robustecido[30]

---

[30] São Pedro Crisólogo, *Sermo 142, De Annunc.*

CANTO II – A ENCARNAÇÃO DO VERBO

pôde tornar-te Mãe de Deus.

2285 De ambos me admiro:
mas quando te contemplo o coração,
templo da pureza, albergue da santidade,
vejo que tudo te veio da bondade infinita,
a quem sujeitaste sempre a tua alma.
Dele é quanto possuis, nem te custa, ínclita Mãe,
2290 referir ao Criador o que dele recebeste,
Ele concedeu fosse teu corpo ileso
da culpa original,
e livre a tua alma de toda mancha.
Ele escolheu o pouso de teu seio
para santificar o pobre mundo
e expurgá-lo de seus longos males.
2295 Agora, escondido, purificará um menino
escondido também em outro seio.

NAS MONTANHAS DE HEBRÓN

Por que não seguirei, com passo lento ao menos,
os teus vestígios pelos cumes do ínvio monte?
De que me admiro? – Já venceste os ásperos cimos,
2300 meta última do longo caminhar.
Já transpões os venerandos muros da real Sião,
e a nobre Jerusalém
já te acolhe em suas altas moradas.
Acolhe a cidade terrestre à cidade de Deus,
a fortaleza da Terra, à fortaleza do Céu:
abre-se a porta à porta celestial.
2305 Com a alegria a apressar-te os passos,   *Lc 1,40*
entras pela habitação de Zacarias
e tua meiga voz saúda a grávida anciã.
Ela escuta, e tanto gozo apenas cabe
no pequenino coração do filho,

enquanto teus lábios soltam a torrente da doçura.
João escuta e, logo,

2310 saltando em júbilos no materno seio,
compõe os tenros membros,
e, dobrando os joelhos,
adora a seu Senhor, que se aproxima
e despe os andrajos avoengos.
Rejubila e freme de gozo Isabel, extasiada
pela face e pela voz da hóspede bondosa.

2315 Não pode reprimir esse alvoroço
do seio maternal,
que Deus inunda com divino fogo.
Devorada no íntimo pelas chamas celestes,
atira-se, de um salto, nos teus braços!
A mãe estéril abraça a Virgem Mãe,

2320 e seios abençoados
e corações se estreitam.
Dominada pela sagrada chama,
alvorota a casa inteira, clamando em alta voz: *2322-2344: Paráfrase*
de Lc 1,42

AO ÍMPETO DA CHAMA DIVINA

"Ó glória, ó honra singular do nosso ser mulher,
que recebeste de Deus todos os bens.

2325 Superas toda a virtude que se acha nas mães,
toda a felicidade que se encontra em esposas.
O fruto de teu seio
está coberto de infinitos dons:
dele é todo o poder,
dele a sempiterna glória.
A máquina deslumbrante do universo
se dobrará ante ele,

2330 e o Pai lhe entregará o governo do mundo.

CANTO II – A ENCARNAÇÃO DO VERBO

Por que preço mereci tão grande honra?
Donde tamanha graça à minha indignidade?
Tu, a minha Senhora, a Mãe do meu Senhor?
Atenciosa vens servir à tua serva?
2335 Receber-te em minha casa, eu, pobre mendiga,
a ti, Mãe do Filho do Altíssimo?
Apenas tua voz me feriu os ouvidos
e percebi tuas santas palavras,
saltou de gozo insólito o menino, em meu seio,
2340 e minhas entranhas palpitaram jubilosamente.
Feliz, muito feliz és tu e venturosa,
pois em teu peito coube tanta fé!
As promessas do Senhor supremo só esperam
o tempo de cumprir-se!"
2345 Do peito em chamas a veneranda profetisa
arrojou, ó Virgem, estes louvores teus,
e fixando em teu semblante os olhos
apenas lhe abarca o brilho.

O CANTO DA GRATIDÃO HUMILDE

Tu, porém, ó generosa Virgem,
não esqueceste a gratidão devida:
2350 sacodes dos ombros tão duro fardo de louvores.
Nem a humildade
nem a modéstia do róseo semblante,
nem o pudor singelo,
nem o fulgor dos lábios te faltou.
Referindo tudo à glória do sumo Pai,
soltas, com voz melíflua, tais cantares:
2355 "Minha pobre alma arranca do seu peito   *Lc 1,46-55*
louvores ao Senhor e o engrandece.
Exulta meu espírito em seu Deus amado,
vida de minha vida e minha salvação.

Vencido de gigante amor, pousou do alto
2360   o manso olhar em sua humilde serva.
Feliz e bendita me proclamarão por isso,
em todos os povos, as gerações por vir.
A força do braço onipotente ornou
meu peito indigno de prodígios grandes.
2365   Onipotente, santo e venerando é o seu nome,
e sua gloria é de eterno esplendor.
A sua piedade afaga os filhos de seus filhos
que, com casto amor, teme do Senhor o nome.
O Todo-poderoso fez brilhar inteira
a força do seu braço,
2370   e a mão invencível mostrou o seu poder.
Abateu os soberbos
inchados de pensamentos vãos
e agitados pela fúria louca de sobressair.
Derrubou do alto trono o poderoso,
violentamente,
e à sublimidade levantou o humilde.
2375   Aos vencidos pela tirania da fome e da desgraça
cumulou de eternos e verdadeiros bens.
Aos ricos despediu vazios, seus tesouros
amontoados erradicou profundamente.
Recordando-se, em seus desígnios, da misericórdia,
2380   adota como filho a Israel,
cumprindo as promessas feitas, outrora, a nossos pais,
e a aliança antiga jurada com verdade,
como Ele, o imutável, fez ao grande Abraão
e à sua posteridade para todo o sempre".
2385   Assim falas, e, cravando no chão os castos olhos,
ocultas, no seio humilde, os dons celestes.

CANTO II – A ENCARNAÇÃO DO VERBO

A SERVA DOS ABENÇOADOS DE DEUS

Logo aprestas as mãos virginais para o serviço,
nem te pesa ser a serva de tua serva.
Esta não sofre
que a Mãe do Senhor supremo a sirva,
2390 mas não sabe como proibir-lho.
Julga errado e injusto deixar-se servir
pela Senhora a quem o firmamento serve.
Por outra, proibir-lhe seria faltar à submissão
devida à Senhora a quem tudo obedece.
2395 Que fazer, pois?
Dói-lhe o permitir, e o proibir lhe custa.
São duros um e outro: tolerar, é o menos.
De boa mente sujeita-se como serva
a que a Senhora a sirva,
e goza, assim, do teu serviço carinhoso.
Cheia de Deus,
a velha mãe confere com o mudo ancião,
2400 no silêncio da alma, tão altos mistérios.
Mãe, feliz pelo filho
e mais feliz ainda pelo hóspede celeste,
que a si e ao filho de Deus entregou à mãe e ao filho!
Feliz também tu, mudo ancião!
Deus descido aos nossos corações, pelo favor da Virgem,
dentro em breve restituirá a voz.
2405 Feliz por fim, santo menino!
Mais felizes auspícios não pode ter teu nascimento,
com o contato salutar das mãos da Virgem.
Ela te tomará ao casto seio,
te acalentará nos suaves braços
em que repousarão os membros do teu Deus.

COLÓQUIOS DO POBREZINHO

Oh! Se eu pudesse contemplar-te, ó Virgem,
2410 admirar essas mãos santamente atarefadas!
Oh! Deixa-me servir contigo,
contigo praticar obras de tanto amor.
Três vezes perfez a Lua as suas fases,[31]
depois que te entregaste,
com humilde coração, a tais misteres.
2415 Como não é possível percorrê-los todos,
e mais do que palavras te agrada a vida pura,
concede-me o amor de tua alta humildade
e graça de trilhar, sem tropeço, os teus caminhos.
2420 Ó Rainha, que abraçaste
tão delicados trabalhos,
poderias tu, depois disso,
afastar-te de minha mente e de meu coração?
Mas quem te entregará a minha pobre alma
a ti, toda bondade?
Como poderá este miserável alcançar o teu amor?
2425 Se percorro o universo, se me engolfo na luz dos astros,
se sondo as profundezas da terra e do oceano,
tu és a primeira
a apresentar-te à minha pobre mente
para dar-me infalível penhor do teu auxílio.
Ninguém iguala em piedoso amor para conosco
essas entranhas
que teu materno amor incendeia.
O teu Jesus, confesso-o,
vence, em doçura, tudo quanto existe:
2430 sem Ele, nada suaviza, nada agrada.
Se, porém, atrai sua piedade,[32]

---

[31] Metáfora utilizada para representar três meses.
[32] São Bernardo, *In Nativ. B. M. V.*

CANTO II – A ENCARNAÇÃO DO VERBO

sua majestade justamente amedronta
os corações culpados.
Tu, com teus rogos, mitigas-lhe a ira ardente,
e o réu, perdido, não teme teu semblante.
2435 Ao teu conspecto, pois, Mãe de bondade,
minha alma se ajoelha reverente.
Andrajoso mendigo,
enfermo crivado de dolorosas chagas,
requeimam-me os ossos males inúmeros.
Tu sabes que bálsamos minhas feridas pedem:
2440 basta-lhe ao pobrezinho ter soltado
um gemido a teus pés.
Guardas, no seio, remédio a nossas dores:
é teu amor
a eterna panaceia de nossa alma.
Se pões em mim teus olhos suavíssimos,
ó Mãe, isto me basta:
ressurge em teu semblante toda a minha esperança!

CANTO III

NATIVIDADE DE JESUS

"Nascimento de Jesus" (século XIV)
Autor: Giotto

A NOITE SANTA

2445 Finalmente, ó Mãe Santíssima,
desfeita a grande rodagem dos séculos,
soou a hora feliz do teu parto,
hora por ti suspirada, com todos os frêmitos do peito:
noite sagrada,
a única mais clara do que o dia!
Ó noite, mais formosa que os dias todos juntos:
2450 noite iluminada
pela glória de tão prodigioso nascimento!
Noite em que fulguram
os olhos brilhantes da luz verdadeira,
mais cintilante que o disco solar!
Noite que desbarata a treva horrenda
e restitui a verdadeira cor ao universo![1]
2455 Desponta Deus, enfaixado em corpo débil de criança,
depois de fechado nove meses
no cofre de uma Virgem.
Ó Virgem venturosa!
Que júbilos te vibraram pelas fibras do coração,
no silêncio daquela noite,
quando, ante os teus olhos, apareceu no chão
o pequenino infante
2460 jorrado dos lábios do Pai antes da Estrela d'Alva.   *Sl 110,3*
Saiu de teu seio, revestido de tua carne,
sem pisar sequer um ponto tua pureza.
Assim te prometera o celeste mensageiro,
quando, temerosa, te saudou
co'o jubiloso Ave!
2465 Com esta condição te submeteste
ao plano divino,
e não ficou frustrada a tua confiança.

---

[1] Trecho inspirado no hino *Exultet,* da liturgia da Vigília Pascal.

O Senhor imediatamente entrou em teu seio,[2]
e a flor de tua candura nem sequer empalideceu.
Agora, ele igualmente sai do maternal sacrário,
2470 sem roçar os cortinados do teu tálamo.
Aos primeiros coroam os últimos mistérios
e, no silêncio do teu coração, embalas
o mais sincero gozo.
2475 Muito mais formosa te tornaste agora,[3]
quando ele, sem esforço nem rumor algum,
transpõe os cerrados claustros de tua virgindade.
Noite feliz e encantadora
que fez de teu rosto radiosa estrela!
A aurora, ainda que se tinja de cor rubicunda
2480 e os campos cubra de novos esplendores,
refulge ainda mais bela
quando o Sol nascente ergue do mar o seu semblante.
Logo ao nascer da futura Mãe do Verbo,
a aurora despontou e esvaiu-se a noite.
2485 Mas enquanto não pousou em teu seio virginal
o Sol divino,
faltava ainda, à tua luz, o seu grande esplendor.
Quando, porém, pousou, cresceu tua graça,
tornou-se maior a tua luz
com os fulgentes raios de um foco escondido.
Agora que Deus,
a fonte de esplendor, nascido ao mundo,
2490 difunde os raios de sua formosura,
rebrilha por toda a Terra
a tua claridade esplêndida de Mãe virginal.

---

[2] São Bernardo, *In Adventu Domini, Sermo 2, 4.*
[3] São Pedro Crisólogo, *Sermo* 117.

CANTO III – NATIVIDADE DE JESUS

O PRESÉPIO

É delicioso percorrer com a mente
todas as fases do nascimento,
engolfar-se pelas ruas desta cidade de Deus.
2495 Admirar o solar que acolheu o Senhor,
o palácio em que habitou o Cristo Rei,
a branda almofada em que repousou menino,
as sagradas companheiras e servas da Mãe,
os cantos e melodias
que acalentaram o Divino Infante...
Nasce em Belém, abrigado em velha choupana:
2500 nu, a nua terra lhe acolhe o nascimento.
Transforma-se em berço a manjedoura:
de um lado um boi, de outro, um jumentinho.
Silenciosamente, um venerando ancião
repousa o olhar em seu rosto.
Exulta a jovem Mãe,
solta tenros vagidos a criancinha,
rejubila o Céu em melodias nunca ouvidas.
2505 E tu, ó minha alma, aí entorpecida!
por que não visitas esse palácio maravilhoso,
esse sagrado abrigo?
Vamos, que não te expulsará do limiar duro porteiro,
nem te fechará à face as portas.
Não tem porta o casebre, pouso ótimo de brutos;
2510 os frios têm por ela franca entrada.
Entrarás num tugúrio miserando,
de teto enfumaçado,
numa cabana coberta de caniços.
Ao divisares a Mãe, a transbordar
de divina majestade
atenta no que faz, ao nascer sua doçura.
2515 Permite-me, ó Virgem,

recordar os mistérios da sagrada noite,
os puríssimos gáudios do teu espírito,
contemplar com os olhos da alma quanto fazes,
sorver com avidez tudo o que dizes.
Chega a hora do parto:
a noite gélida emudece   *Sb 18,14*
2520 e já transpõe os altos píncaros do zenite.
Por toda parte o sono vai libertando
os membros cansados:
na Terra só brilha a lâmpada do teu olhar.
Resolves, há muito, os sublimes mistérios
e almejas contemplar as belas faces do teu Menino.
2525 Preparas os delicados braços
que hão de estreitar seu corpo,
e o regaço que há de aquentar-lhe os frios membros.
Anseias libar mil ósculos na rosa de sua boca
e estampar teus lábios quentes nesse rostinho cândido.
Já comprimes, docemente, com o dedo,
os peitos transbordantes,
2530 que os tenros lábios de teu filhinho hão de sugar.
Já clamas com voz humilde
pelo Pai de infinita majestade,
já, abrandando a voz,
chamas docemente pelo Filho.

A ORAÇÃO EXTASIADA

"Eis, aproxima-se a hora feliz do nascimento,
ó glória, ó doçura, ó Deus
anseio do meu coração!
2535 Agora virá teu Filho à luz do mundo
e, com os andrajos de nossa carne, tocará
a terra nua.
Exato é tudo quanto o Céu me trouxe

CANTO III – NATIVIDADE DE JESUS

o teu alado mensageiro:
suas palavras não iludiram minha fé.
Obedeci, concebi o Verbo em meu seio
2540 e descansei segura na minha virgindade.
Pai celeste, vela por minha integridade
agora no meu parto.
Seja suave e seja imaculado!
Eu a ti, Filho querido, hei de estreitar-te de abraços?
Eu a ti, ao seio materno, hei de apertar-te
com ternura?
2545 A ti, belo filhinho, te hei de amamentar
a meus peitos?
De mistura com o níveo leite hás de ganhar
ósculos ternos?
Nasce já, ó Deus supremo, para ser meu paraíso!
Vem com teus labiozinhos dar-me um beijo celeste!"
Enquanto assim expandes a chama do divino amor
2550 e esperas ver nascido o teu penhor,
vestido de carne humana, nasce o Verbo,
e tua virgindade permanece intata.

A HORA FELIZ

E como o verde caule produz a flor nitente,[4]
sem que ela, ao rebentar, machuque-lhe o verdor!
2555 Como o Sol passa o cristal com seus fios de luz
e, sem danificá-lo,
atira e retira os seus raios,
o príncipe do Céu sai por essa porta de aurora, *Êx 46,12*
sem se abrir um batente,
sem se rasgar um selo.
Do tálamo augusto sai o esposo imaculado, *Sl 19,6*

---

[4] São Bernardo, *In Adventu Domini*, Sermo 2.

2560 levando o anel de eterno amor à nova esposa.
Que gozo te não invade, agora, o casto peito;
que alegria, ó boa mãe,
não te embala a alma!
Que nova luz te não inunda os olhos,
presos no nascimento do teu Deus!
2565 Que fazes, agora, ao menino reclinado
na dura terra,
alfinetado pelo rijo frio do inverno?
Ergues-te e, com o rosto banhado de fulgor celeste,
cais de joelhos a seus pés.
Assim ajoelhada, curvando o rosto até a terra,
2570 adoras primeiro a divindade,
para logo despenhar-te em doces abraços.
Bebes avidamente o mel do amor
o teu divino infante,
e das fibras do coração arrancas esta harmonia.

ORAÇÃO DA MÃE AO FILHO RECÉM-NASCIDO

GRANDEZA E PEQUENEZ

"Ó Deus onipotente,
a quem a ingente máquina do mundo
proclama seu Senhor e autor,
2575 cuja glória imensa gera em si   *Sl 104,2*
fulgor inigualável,
que te vestes da luz como de manto natural,
a ti que os céus conter não podem
em sua extensa amplitude
fechou-te estreito cofre de meu seio!
Tenro menino, deixaste minhas íntimas entranhas
2580 e jazes, ó minha luz, no chão escuro!
não foi tua mão possante
que arrancou do nada o universo?
Não é a ti que serve, de polo a polo, a Terra?
Por que escolhes para nascer tão vil morada?
Por que não é teu nascimento em câmara real?
2585 Tu vestes o céu de estrelas   *Sl 107,4*
e os animais de variadas peles,
os campos de gramados verdes.
E tu, nu a vagir e a tremer no duro chão...
a expremer-te lágrimas das tenras pálpebras
o despiedado inverno?
Ó meu Filho, glória do céu, igual ao Pai celeste,
2590 que nasceste tão belo do meu seio!
Ó minha felicidade, que dor atroz me punge
as entranhas de Mãe,
ao ver-te em tais tormentos!
Como te erguerei da fria terra, Filho?

Como tocarei com minhas mãos teus membros santos?

2595 Ai! Que me aterra a indignidade,
e tua glória,
Filho único de Deus, impede-me de tocar-te.
Mas, se assim deixar que o frio te açoite,
que a terra te machuque a carne tenra,
maior seria a despiedade do meu peito
que a do frio,
2600 mais dura a dureza do meu seio
que a da mesma pedra!

TRANSPORTES DE MÃE

Tocarei, pois, Filho amabilíssimo, tua carne,
que eu sozinha tirei da minha carne virgem.
Satisfarei meus íntimos afetos,
aquentando o teu corpo,
e gozarei da chama que me devora o peito.
2605 Em redor do teu berço estarei sempre
para prestar-te serviços
quantos adivinha um coração de mãe.
Vem, pois, Filho meu formoso...
isto dizendo, o ergues,
envolves em mantilhas e o amamentas ao peito.
Vem, ó minha luz e minha glória!
2610 Não recuses os braços extremosos de tua mãe!
Com estes paninhos, ó autor e dominador do mundo,
cobrirei os teus mimosos membros.
Que a tua duríssima penúria enriqueça
nossa miséria,
cumulando de graças corações mendigos!
2615 Tu ao homem dás vida,
pasto dos animais, cibato às aves
e ate aos vermezinhos se estende a tua mão.

CANTO III – NATIVIDADE DE JESUS

Tuas migalhas saciam os príncipes do céu
e todo o universo come de tua mão.
E, agora, te atormentam
a impiedosa fome e sede ardente:
2620 é tão escasso o sustento que os meus peitos te dão!
Eia, belo infante,
esgota este meu peito que transborda:
sorve, filho, o leite de tua mãe!
Prenda de teu Pai, jorra do peito
para matar a sede, que te abrasa os lábios.
2625 Não peças outra coisa: isto te basta:
já que me fizeste tua mãe,
e meu filho ser quiseste.
A chama do teu amor derrete-me as entranhas
e um calor melífluo me penetra os ossos,
ao contemplar-te, autor da vida,
2630 de labiozinhos presos ao meu peito
a sugar o teu sustento humilde.
Eis que, no leito de meus braços, eu te sustento,
Homem-Deus, glória dos altos céus!
Eu, tua Mãe, a ti meu filho,
eu, tua filha, a ti meu Pai,
eu, tua escrava, a ti, ó meu Senhor!...
2635 Ó formoso menino, Deus do meu coração inteiro!
De minha vida, vida venturosa e doce amor!
Mãe sobre todas feliz e escolhida
dentre tantas mil
pra conceber este penhor imenso.
O teu nascimento é o cúmulo imenso da alegria:
2640 e a grandeza de minha glória apenas tem limites.
Dando-te à luz, meu Deus,
ao níveo resplendor da virgindade
veio ajuntar-se a glória da maternidade.

MÃE DE UM POBREZINHO

Mas, ao ver-te, Senhor, nesta choupana,
atormentado de frio e de pobreza,
2645 abandonado, pobre, nu, falto de tudo,
a custo tendo achado este cantinho:
ó doce Filho, as lágrimas não cabem nos meus olhos...
e nisso largo pranto te inunda as faces belas.
Que leito régio acolherá tua majestade?
2650 Onde o aconchego confortável de um aposento?
Aqui não resplandecem colchas em púrpura tingidas,
nem pendem sedas de ouro recamadas,
nem há brandos colchões de quentes lãs,
em que te possa reclinar tua pobre mãe.
2655 As aves têm seus ninhos,   *Mt 8,20*
suas tocas têm seguras as raposas,
para abrigar a si e a seus filhotes.
E tu, Senhor dos céus, Pai do universo,
não tens onde pousar a fronte augusta.
Oh! Pudesses repousar suavemente
nos maternos braços
2660 e dormir brandamente em meu regaço!
Mas, tu só anseias dores e asperezas:
molezas, nos palácios dos reis é que se aninham.   *Mt 11,8*
Queres que te façam o berço de estreita manjedoura,
que seja tua enxerga um punhado de palhas.
2665 Repousa, pois, aí, ao bafo de animais:
que doce sono o teu, sobre estas palhas!
Enquanto o suave sono te afagar
os tenros olhinhos,
meus peitos se encherão pra meu sustento.
Meu seio virginal o guarda, belo Infante,
2670 para matar-te a sede e saciar-te a fome.
Dorme, Jesus,
meu doce amante e doce amado,
ó rosto, paraíso dos meus olhos!"

GLÓRIA E PAZ

Assim ninas, mãe venturosa, o teu filhinho:
apenas cabe n'alma o gozo, que te invade.
2675 Teu pequenino, tua glória descansa sobre o feno;
e tu, ao seu lado,
refletes sua luz celestial.
A multidão dos anjos canta vitoriosa
e celebra o Natal de seu Senhor.
Redobram os louvores sem cessar,
e uma voz cristalina se destaca:
2680 "Honra, glória e louvor a Deus, nos altos céus, *Lc 2,14*
e na Terra, paz serena e jubilosa
aos corações piedosos!"
Rasgam-se as trevas, fulge a noite em resplendores,
e desponta o dia, ao nascer do verdadeiro Sol.
2585 Os pastores acorrem,
adoram o recém-nascido,
que a voz do céu lhes anunciou, como a seu Deus.
Diante disto, teu coração transborda:
tudo aumenta a tua glória,
tudo o que dizem, no peito o entesouras. *Lc 2,19*

CANTO DE UM PASTORZINHO

Também eu, se o permites,
2690 quero vergar ao chão meu corpo e alma,
ante o presépio do Rei recém-nascido.
Quero apresentar, em pobre canto, meus louvores
ao tenro Infante e a ti, ó Virgem Mãe.
Confiante me aproximo:
tu, Mãe, não terás dureza para me afastar,
nem teu Filho olhos ameaçadores.
2695 Mas quem poderá cantar

o que manou do seio do eterno Pai,
antes que fossem séculos e mundos?
Calar é mais seguro:
o silêncio, às vezes, é maior louvor de Deus!
A ti, portanto, ó Mãe,
o pobre servo teu te traz seus presentinhos,
2700 se teu Filho o permite.
E por que não há de permitir quem te deu tudo,
quem deu a si próprio, fonte primeira de todo o bem?
Que peito abarcará a tua grandeza,
que lábios cantarão os dotes do teu corpo,
os dotes de tua alma?
2705 Tão grande é o celeste brilho, que te escapa do coração,
que pasma de tua formosura o universo.
Maravilham-se as próprias legiões celestes,
de teres encerrado
o imenso Deus no casto seio.

LOUVORES À VIRGEM PELO ALFABETO

A

Arca sagrada, em que se entesourou
o ouro divino,   *Hb 9,4*
2710 tu difundes riquezas pelo mundo, copiosamente.
Resgatas o homem vendido como escravo,
acorrentado ao jugo do tirano infernal.
Com este tesouro hei de pagar
os meus pecados,
hei de me libertar do cativeiro.
2715 Tua mão dadivosa, aberta a todos os mendigos,
não se há de fechar a mim somente.
Teu filho não te ensina, ó Mãe, a ser avara:
para dar-se a mim,
primeiro se quis dar a ti.
Ninguém se jacte mais de esplêndidas riquezas:

CANTO III – NATIVIDADE DE JESUS

2720 já não haja avarentos,
que para si só amontoem.
Quem da tua mina não tira o ouro puro,
será eternamente um vil mendigo.

B

Brial de linho mais alvo do que a neve,   *Pr 31,22*
de que Deus tirou pra si digna veste,
2725 nem a velhice que tudo devora
nem a morte sanguinosa de mão terrível
te poderá romper.
Com este véu, alcançará o mundo
a verdadeira honra:
com ele cobrirá os profundos traços da ignomínia.
Cobre-me com esta veste, ó Mãe,
que o fogo do estio me abrasa,
2730 o inverno me penetra:
dardos que me arroja o inimigo.

C

Celeiro abastado do Senhor,   *Ct 1,3*
onde se guardam suavíssimos manjares:
de ti sai o sustento para as almas.
Desta fogaça vivem
os santos e os espíritos celestes
e refocilam-se os cansados corações humanos.
2735 Oh! Verdadeiro pão da vida, descido das alturas,
que teu celeiro acolheu e distribuiu!
Se não se encolhesse no materno seio,
não haveria mundo em que coubesse.
Já de ti, ó Mãe imaculada,
tomou a forma pequenina,
2740 para poder todo inteiro entrar no meu peito.
Guardai, entranhas de minh'alma, esse manjar divino,
para que vos não prostrem a sede que devora
e a fome que abate.

D

Devesa verdejante,   *Êx 3,2*
és toda envolta em chamas rutilantes,
e o fogo ardente não te lesa um ponto.
2745 Teu seio imaculado encerrou
o fogo celeste,
e, no meio da fornalha, intato permaneceu.
Sem o ardor da paixão o deste ao mundo
e o estreitas, agora, nos teus braços,
metendo-lhe nos lábios
o botão florido do teu peito.
Eis que minh'alma se derrete n'um frio de morte:
2750 o calor divino não me aquenta os ossos.
Abrasa, ó Virgem, com tuas labaredas
meu peito enregelado
e esse bloco de gelo que é meu coração.
Que o amor eterno de teu filho me incendeie,
que me queime eternamente o teu amor!

E

2755 *Exemplo de viver,* Mãe de pureza,
tu brilhas mais clara e bela
que o globo do Sol a vomitar clarões.
Sozinha, em passo destemido,
por ínvios desertos,
rasgas veredas ignoradas e difíceis.
De ti aprendeu o brando exército das Virgens
2760 a trilhar o caminho da pureza
por mais estreito atalho.
Em ti fixaram o olhar os esquadrões dos santos,
Norteando sua vida pela tua.
Como o disco fulgurante do Sol
cativa nossos olhos,
assim a luz da tua vida às nossas almas.
2765 De ti aprende a criança

CANTO III – NATIVIDADE DE JESUS

a desprezar os gozos vãos da carne
e a seguir os prazeres celestiais.
Tu mostraste o caminho
aos que o vínculo do matrimônio liga
e aos que preferem a prenda da bela virgindade.
A tua formosa atrai a si os bons
2770 e é poderosa para atrair os maus.
Quando olhos impuros fixam teu semblante,
tornam-se puros à luz do teu olhar.
Ó luz radiante,
rasga as trevas da minha noite: que eu veja esse brilho
e que ele me arrebate!
2775 Tua modesta formosura e tua modéstia formosa
seja estrada, exemplo e roteiro seguro!
Sempre que voltar ao teu amor minh'alma,
fuja o amor impuro e o teu amor me estreite!

F

Fonte orlada de ramagens verdes,   *Ct 4,17; Ap 22,1*
a pérola divina
2780 te distingue com a eternal pureza.
De ti decorre a torrente viva da doçura,
a onda do prazer, a linfa da alegria.
De ti perpetuamente mana
o rio caudaloso e inesgotável
que irriga a celestial cidade.
2785 Ao seu frescor a árvore do pomar de Deus
carrega-se de frutos no divino outono.
Infeliz de mim,
daninha labareda me abrasa todo,
e sede insuportável me escalda os lábios.
E, apesar disso, não corro, ó fonte pura,
às tuas águas,
2790 mas arrasto a vida
como um trapo devorado pelo fogo.

Ó doce fonte do verdadeiro amor,
mãe da piedade,
dessedenta os lábios deste moribundo!
Dimane copiosa chuva
das fontes perenes de teu Jesus,
para que meu seio transborde em águas vivas!

G

Gleba fertilíssima em meio a terra estéril,   *Jo 7,37*
nenhuma intempérie de frio ou de calor
te prejudica.
Não te rasgou relha de curvo arado,
nem semente acolheste em teu regaço.
De ti nasce o grão dourado do celeste trigo
para atalhar a fome que alastra pelo mundo.
Um soldado cruel o moerá   *Gn 27,27*
a punhaladas e açoites
para fazê-lo pão das almas boas.
Seu pai o lançará à fornalha do amor,
que o próprio Cristo fez, erguendo a cruz nodosa.
Que o duro trabalho, ó Virgem, me moa como o grão,
e que a fornalha do divino amor seja meu peito!
Pão de Deus me torne digno assim de aparecer
à santa mesa
como alimento do Senhor!

H

Horto formoso,
cercado de altos muros ao redor,   *Ct 4,12; 5,13; Eclo 50,8*
tuas águas abundantes te cobrem de delícias.
As árvores se enfeitam de variadas flores
e os ramos arqueiam ao peso dos frutos.
Aqui exalam seus perfumes
a delicada acácia, o forte amomo
e rubro açafrão de comas pálidas.

CANTO III – NATIVIDADE DE JESUS

2815 Os lírios cândidos espalham seu suave aroma
e as rosas vermelhas,
aqui, pompeia perpetuamente.
É que a tua virgindade,
nimbada pela glória maternal,
floresce e se cobre de eternos frutos.
Aqui, brota sem semente
o fruto verdadeiro da vida,
2820 rasgando os duros fados da tirana morte.
A este horto busque eu o gozo
e o prazer celeste:
só ele seja o meu remanso de delícias.
Meu coração se robusteça, ó Mãe,
com este fruto
e que dele me venha a salvação
e a vida!

I

2825 *Irradiação imensa*, encerraste no seio   *Ct 6,9*
o Sol que com o Pai, antes do mundo,
refulge no zênite da eternidade.
Com sua luz indefectível envolve
as muralhas da Sião celestial
e as ilumina com clarões eternos.
A ti consagrou a honra principal
do resplendor,
2830 ao despontar do tálamo teu entre fulgores.
Então, nova luz resplandeceu   *Lc 1,79*
nas trevas da morte
aos que cobrira a sombra do pecado.
Afugentando a noite e com ela a morte,   *Eclo 50,6*
formoso luzeiro do universo,
afasta para longe as trevas d'alma.

L

2835 *Leito florido*, em ti o Rei da paz   *Ct 1,15*
repousou placidamente nove meses.
Em ti, milagre de amor, tomou por eterna esposa
a nossa natureza.
Aqui, Deus se uniu ao homem, saindo do teu seio
2840 o Deus imenso – homem pequenino.
Ele com forte nó ligue minha alma,
para que não viole fé e direitos do esposo.

M

Mãe piedosa, mansa, clementíssima,
este nome condiz mais dignamente
à tua glória...
2845 Mãe da paz, por teu meio,
de inimigo dos céus pelo pecado,
o homem se tornou de Deus amigo.   *Eclo 24,24*
Mãe da pureza, Mãe do belo amor,
mãe da justiça inteira!
És Mãe e Virgem, Mãe dulcíssima da Vida!
2850 Digamos tudo: tu és a Mãe de Deus!
Deste à luz o Unigênito do Pai:
cremos que ele é teu Filho único e primeiro.
Somente ele nasceu do teu seio,
deixando intata
a estrada triunfal da tua virgindade.
2855 Arrebatado pelo fogo do divino amor,
Ele nos fez, por sua bondade, seus irmãos.
Como irmãos seus
e filhos teus, portanto,
a ti nos entregou, ó carinhosa Mãe:
e, quais penhores queridos, tu nos recebeste.
Nem ao mendigo nem ao enfermo tu repeles,
2860 nem mesmo ao coração repleto de torpezas.
E, como és Mãe dos justos,

CANTO III – NATIVIDADE DE JESUS

assim o és também dos pecadores,
Mãe única de todos, de todos salvação!
Abre, pois, aos filhinhos teu seio maternal[5]
e sinta minh'alma que, de fato, és minha Mãe.

2865 Ouça, por tua bondosa intercessão, meus rogos
aquele que sofreu ser, por nosso amor, teu Filho!

N

Ninho que a própria mão de Deus formou,
em ti o pardal e a pombinha põem seus ovos.   *Sl 84,4; Is 10,14*
Em ti, Deus vestido da carne humana
— o divino pardal com a pomba da terra —,
2870 gera inúmeros filhos.
Também nossa alma escolhe esta cara morada,
para proteger, nesta fortaleza, o corpo enfermo.
Por ti enviamos ao Filho nossas preces e desejos,
e ele, por tuas mãos, manda-nos as suas graças.
2875 Tu meu ninho serás:
por tuas mãos acolhe o Céu minhas ofertas
que têm valor só com teus méritos.

O

Ovelha simples, humilde e mansa,[6]
livre da mancha que afeia as outras todas,
tu és a Mãe do Cordeiro
que lavará nossos crimes,
2880 abrindo as torrentes copiosas do seu sangue.
Quando ele levar o grande peso da cruz nodosa,
tornando-se, com morte cruel, vítima santa,
quando o inocente anho for tosquiado pela dor,
não soltará um só balido,
calado, sofrerá profundas chagas.
2885 Vencendo a morte, esse cordeiro imaculado

---

[5] Versão em dísticos da 3ª estrofe do Hino "Ave Maris Stella".
[6] Santo Epifânio, *Oratio de laudibus Deiparae*.

arrancará as ovelhas culpadas
aos dentes do leão satânico.
Dá-me, Senhora, a mansidão:
que suporte com rosto sereno e coração paciente
os opróbrios e até a cruel morte.
Lave, no sangue precioso, meus pecados
2890 aquele que à cruz horrenda entregará
os delicados membros. *Ez 44,1*

P

Porta da aurora do Sol radiante,
Deus te fechou com intangíveis e perpétuos selos.
Caminho aberto só ao Rei eterno,
só ele conhece entradas e saídas.
2895 Sem deixar vestígios de seus pés,
vai e volta, cerradas sempre as portas.
Faze com que meu coração a Jesus só se abra:
único morador seja Ele de minha alma.

Q

Quietude imperturbável,
Deus esquece o furor e em ti repousa, *Sl 132,8*
2900 derramando sobre nós a alegria.
Com Jesus, deste o descanso ao Céu,
deste o descanso à Terra, com Jesus.
Lavando de meu coração as manchas,
sê minha tranquilidade, tranquila Virgem,
tu com o teu menino!

R

2905 *Robustez do povo* que combate e ruína do inimigo, *Êx 15,2*
com teu auxílio nós venceremos e ele cai vencido.
O valor invencível de teu Filho
nos ergue prostrados
e afugenta do campo de batalha

CANTO III – NATIVIDADE DE JESUS

o inferno vitorioso.
Contigo à minha frente,
o cruel inimigo deixará cair as armas,
2910 e eu ficarei seguro ao teu amparo.

S

Sebe, em que se cercou a divindade, *Mt 21,33; Sl 80,12*
tu defendes a extensa vinha do Senhor.
Assim protegida
a Igreja repele valorosamente
o assalto das feras
e com terrível semblante, os lobos apavora.
2915 Estende seus ramos até os confins do mar,
e seus renovos ultrapassam as mais longínquas terras.
Enquanto eu viver,
acolhe-me, eu te peço, em teu recinto,
para que nenhuma fera me devore foragido.
Seja a parra coberta de frutos todo o ano, *Jo 15,5*
2920 unida sempre à vide do Senhor. *Ct 4,4*

T

Torre e teto do verdadeiro rei Davi,
de tuas ameias o Senhor sustenta duras guerras.
De teu puro sangue
Deus tomou a nossa frágil carne,
para nela travar batalha com o inferno,
2925 romper-lhe a cabeça, ligá-lo com grilhões eternos,
e abrir-se assim estrada triunfal ao paraíso.
Quem se acolher a esta fortaleza
combate e massacra as hostes infernais.
Arquejante a ti recorro, Torre inexpugnável:
2930 sê guarnição e cidade de minh'alma!

V

Vinha ubertosa do Pai celeste,   Sl 80,15; Ct 7,8
Ele te plantou e te cercou com o próprio braço.
De teu tronco se destaca o vicejante pâmpano
que desceu dos lábios do Pai ao teu regaço.
2935 A imensa doçura do seu vinho
vence o néctar mais puro,
vence de Hibla o dourado mel.
Seu suco inesgotável refrigera
a boca em chamas
umedecendo-a perenemente
com essa fonte de vida.
Sua fragrância supera os mais finos aromas,
2940 tornando à vida os que a crua morte arrebatara.
Seu licor afugenta as nuvens do coração humano,   Sl 104,15
acumulando gozos e alegrias.
Seu sabor inefável rouba o coração e a mente
em doce amor.
2945 Seu amor ateia labaredas em peitos amantíssimos
e, ao calor desse néctar, os inebria.
Ó ditoso plantio do Senhor, Virgem ditosa:
Virgem ilustre e mais ilustre Mãe!
Ninguém comparará
a formosura de Ester à tua,
2950 ninguém cantará os feitos gloriosos de Judite.
Quanto a realidade ultrapassou a figura,
tanto superas em beleza a todas.

EVA E MARIA

Acabaram-se os gemidos de Eva, nossa mãe.
Não houve, em teu parto, dor nem violência.
2955 A Eva enganaram-na
as fraudes da serpente venenosa:

CANTO III – NATIVIDADE DE JESUS

tu pisas ao calcanhar
a fronte soberba deste monstro.
Eva perdeu o mundo ainda novo
num ramo proibido.
Tu, com teu fruto, os séculos renovas.
Eva com seu amor
derrubou do céu o primeiro Adão
2960 ligando-o ao jugo do pecado.
Tu atrais do firmamento o segundo Adão,
e livras a nossos pais do jugo infame.
Eva foi do mal a inventora,
a distribuidora das dores.
Tu trazes, ao mundo, o gozo e todo o bem.
2965 Eva fechou o céu. Tu abres o firmamento.
Eva abriu o inferno. Tu lhes impedes a entrada.
Eva deu a morte.
Tu dás, com tua santidade, a vida.
Ela afastou a felicidade, tu a desgraça.
Eva maculou a nossa honra
com manchas degradantes.
2970 Tu nos restituis, aumentada, a glória.
Eva nos desfigurou o semblante com seu crime.
Tu, das faces de mendigos,
nos apagas essas nódoas.

MÃE DO BELO AMOR

Mãe formosa, imagem da beleza divina,
que ostentas no semblante
a formosura do mesmo Deus!
2975 Minh'alma não se satisfaz ainda
com tantos louvores,
nem meus lábios bastam para cantá-los.
Virgem concebendo, Virgem puríssima dando à luz,

168

SÃO JOSÉ DE ANCHIETA

Virgem depois do parto, és Virgem eternamente!
Quem me dera amar-te apaixonadamente!
Amar-te com Jesus
2980 estreitado ao teu seio virginal!
Quem me dera encerrar bem dentro do coração[7]
o coração de mãe que encerrou Jesus!
Ó doce colmeia do céu, que produziste um favo
que supera todo o mel da Terra!
2985 Ditosas as mentes, ditosos os corações
a que deleita somente este alimento!
Enquanto ele nutre tua alma de célica doçura,
tu o nutres a ele
pendente de teus peitos docemente,
aí dorme entre as rosas de teus seios,
rescendentes mais que a ambrosia,   *Ct 1,13; 4,10*
2990 mais deliciosos do que o vinho velho.
Ternamente teu olhar se prende em teu Infante,
que suavemente dorme,
enquanto o amor te abrasa silenciosamente.
Sobre a mão esquerda, a fronte divina já reclinas: *Ct 8,3*
a direita estreita o menino ao maternal regaço.
2995 E, depois que o sono plácido lhe abandonou
os sagrados olhos,
tu suavemente lhe orvalhas a sede
com o doce leite.
Ora lhe estampas, nas maçãs do rosto,
os lábios vermelhos,
ora lhe fechas a boquinha rósea
com deliciosos ósculos.
Que mais? – Rendo-me!
3000 Tua glória supera todo o encarecimento:
não vejo termo nem medida às tuas glórias.

---

[7] Aqui, nota-se a belíssima devoção de Anchieta ao puríssimo coração de Maria, que também
pode ser notada em outras passagens do Poema, especialmente nos versos da Paixão de Jesus.

CANTO III – NATIVIDADE DE JESUS

Fossem embora mais numerosas minhas palavras
que as areias que revolvem o mar,
tu vencerias
todo o meu oceano de louvores.
Entoem tuas glórias os coros celestiais.
Nem mesmo eles te podem exaltar condignamente.
3005 Louvor condigno à tua glória imensa
só te dará aquele
que quis dar à serva a honra de Mãe sua.
Salve, Virgem Mãe, que nos geraste a salvação!
Em teu macio regaço descansa um doce fardo.

PEQUENINO E IMENSO

Ó formoso menino! De teus lábios
transborda a graça,
3010 do teu semblante, a suma formosura.
Tu trazes, no rosto, a glória do esplendor paterno,
e, ao teu manso brilho,
sorri a Terra jubilosamente.
Em ti, ó Criador, fixaram todos seu olhar,
para rogar-te o alimento que mate a fome antiga.
3015 Abres alegremente as mãos dadivosas,
espargindo riquezas abundantes,
prendas do Pai celeste.
Dando ao homem quanto o mar sustenta em suas águas,
quanto a terra desentranha do inesgotável seio:
Sobre tudo isto, a ti mesmo te deste, ó Criador:
3020 E este foi o píncaro mais alto do teu amor eterno.
Mesquinho, o espaço do céu não te pode conter,
e quiseste agasalhar-te em nosso peito!
Pequenina criança, tu te encerras
num seio de Mãe:
esta morada te proporciona um leito digno.

3025 Ó formosura sem par no universo!
Contempla, ó menino!
O rosto querido de tua Mãe!
Olha o maternal regaço,
onde docemente dormes,
o seio virginal que te aquece os membros.
Contempla os peitos orvalhados
em que sugas o teu néctar,   *Ct 8,1*
3030 os lábios puros que ela imprime em tua boca.
Permite-me um abraço,
quero que sejas meu eterno amor:
que meu coração te ame eternamente.
Com tua Mãe que te atraiu do Céu à Terra,
sê a paz de Minh'alma, a vida e parte do meu ser.
3035 Ó Mãe, a mais formosa entre as mulheres,
tu só, dando-nos Deus, nos deste a vida!
Abre, aos desgraçados, tuas entranhas de Mãe
que puderam abarcar a Deus imenso.
E já que teu Filho amado te fez
Mãe sua generosa,
3040 para se dar a si e dar consigo tudo,
sê sempre minha Mãe.
Oh! Que bem o querem tuas entranhas!
Eternamente de Jesus eu seja,
eternamente seja meu, Jesus!

CHEGADA E ADORAÇÃO DOS MAGOS

À LUZ DA ESTRELA

Sol de justiça e esplendor do Pai,
Jesus nascera criança em humilde choupana;
3045 repousara, divina Mãe, nas rosas de teu peito,
e vira transcorrer uns poucos dias:
quando, das plagas da aurora,
refulgente estrela conduz os Magos   *Mt 2,1*
seguidos de grande comitiva.
Vêm adorar o rei eterno
3050 e ofertar seus presentes e corações
a Deus recém-nascido.
Já entram pelas muralhas da soberba Sião
e indagam onde nasceu o rei do mundo.
Por que, ó reis, buscais, na cidade injusta, o justo?
Este povo a seu Criador não ama!
3055 Reinam, naquele palácio, um sanguinário Idumeu
e quantos não põem limite a seus crimes.
O rei que procurais
odeia a avareza, odeia os maus,
e, da pobreza enamorado,
deixou os tesouros do seu reino.
Escolheu para nascer um couto abjeto
e uma cidade humilde:
3060 como pobre enjeitado veio à luz numa choupana.
O rei feroz, ao ouvir falar em rei, turbou-se   *Mt 2,3*
e com ele a turba indolente que o adula.
Lobo perverso medita ciladas
ao meigo cordeirinho
e escancara as fauces ávidas de fera.

3065 Que loucura, insensato! *Pr 21,30*
Contra o poder e a justiça do braço onipotente
não há sabedoria.
Reinará, ó duro tirano, tua feroz linhagem
terás um herdeiro digno de tua crueldade.
Ele há de vestir ao Senhor
com a túnica branca do escárnio:
3070 porém, não lhe dará a morte que tu lhe queres dar.

A CAMINHO DE BELÉM

Encaminham-se os reis e, abandonando
a infiel cidade,
demandam os humildes muros de Belém. *Mt 2,6; Mq 5,2*
"Aqui uma Virgem dará à luz o eterno Rei",
cantara o profeta.
3075 Apenas fora da cidade, eis que a estrela,
que há pouco se ocultara,
refulgente aclara-lhes a estrada.
Ó infeliz Jerusalém!
Desprezas ao Senhor e Rei dos céus,
para vergar ao jugo cruel de um Idumeu.
Estrangeiros, à procura do Senhor
para adorá-lo,[8]
3080 entregam-se a longo e áspero caminho
no deserto.
E vós, filhos que sois,
ao Senhor, a Deus que quis nascer de vosso sangue,
deprezais e procurais a morte!
Aqueles uma estrela arrancou-os
das plagas do Oriente,
sem uma voz que confirmasse a vinda desse Rei!

---

[8] Santo Agostinho, *Sermo II de Epifania.*

CANTO III – NATIVIDADE DE JESUS

173

3085 E a vós, quantos profetas anunciaram o Cristo
com palavras em que o próprio Deus falava!
Ó desgraçado povo!
Estranhos vêm colher o vosso fruto,
e a vós a fome de matar vos perderá!...
Mas, vós, ó reis felizes, vós que o Sumo Rei escolhe
3090 por primícias de toda a humanidade,[9]
avante! A estrela vos guiará
por vereda segura
e porá junto ao casebre do menino...
Já se aproximavam da agreste choupana,
quando a brilhante estrela
paira sobre a fronte de Jesus.
3095 Os reis entendem, achegam-se à entrada:
o casebre não tem portas que o fechem.
Dentro, uma pobre mãe, com seu pobre filhinho,   *Mt 2,11*
recebe com um sorriso os visitantes.

OS REIS JUNTO AO REI

Os reis colam no chão os joelhos e o semblante,
3100 lançando a majestade ao pó da terra.
Adoram a seu Deus,
que em corpo mortal ditosos encontraram
e que a Virgem Mãe estreita ao brando colo.
Ó milagre de fé!
Que luz voz penetrou até o fundo d'alma,
que amor vos inundou o coração?
3105 Sedas de Frigia não ornam, aqui, palácios de ouro
nem as que borda a bronzeada Índia com delicada agulha.
Não fulgem púrpuras nem diademas cravejados.
Não se apinha a multidão,

---

[9] São Leão Papa, *Sermo II de Epifania*.

nem vem e vão atarefados servos.

Envolto em vis paninhos, ao colo da pobre Mãe,

3110 mora num tugúrio,

dorme numa manjedoura.

Seu alimento são umas gotas de leite

do materno seio.

E, entretanto, credes que este homem é Rei,

credes que é vosso Deus!

Ó venturosos Magos!

Prêmio da vossa vida, espera-vos uma glória

que o tempo não vos pode destruir.

3115 Vossa fé inabalável vencerá o vosso século

e, ante ela, se curvarão os séculos futuros!

Logo dos cofres cheios tira cada qual,

com a mão contente e generosa, régios presentes.

MÍSTICAS OFERTAS

Aos pés da criancinha depõem o ouro precioso, *Mt 2,11*

3120 a mirra e o sacro incenso perfumoso.

E tu, formosa Virgem, que fazes, entretanto?

Que mistérios revolves no íntimo do peito?

Ah! Morreria, se cantar quisesse

teus gozos inefáveis, teus altos pensamentos.

3125 Tu a transbordar de íntimo prazer,

te congratulas com teu Senhor Jesus

que recebe da gentilidade a merecida honra.

A divindade de teu Filho

já os povos começam a conhecer e crer,

a adorar e amar.

Eles proclamarão, sem medo, as glórias do Senhor,

3130 e, ao nome de Jesus, *Sl 72,9-10*

reverente o Árabe cairá por terra.

HINO DE CRISTO REI

Foi isto que cantaram, ao teu pequenino,
lábios reais,
tangendo as cordas de delicada lira.
"Ele dominará sozinho as planícies do mar,
do marco oriental à meta do ocidente.
3135 Encantada a Etiópia há de curvar o joelho,
e a turba inimiga morderá a terra.
A ilha que o mármore das ondas cerca
enviará, por um mar de paz,
ricos presentes.
Os reis da feliz Arábia e os chefes de Sabá
3140 trarão também seus dons ao Rei divino.
Cetros e diademas a seus pés se curvarão,
e toda a tribo da Terra o adorará submissa.
Suba o nome daquele que há de vir à Terra
mais alto do que os Céus,
e seja eterna glória a Deus!"

A LIÇÃO DOS MAGOS

3145 Enquanto vês realizar-se tudo
o que cantaram, outrora, os profetas a teu Filho,
a graça inunda o largo campo do teu peito,
e os membros estremecem de gozo até aos ossos.
Com que rosto afável
apresentas aos reis o teu Filhinho
3150 e eles calçam de ósculos seus pés divinos.
Com o peito a transbordar na luz da fé,   *Mt 2,12*
voltam para a pátria as santas comitivas.
Um anjo, pela voz do sonho, adverte-lhe
não voltem ao palácio do feroz tirano.
3155 Ah! Virem os Magos de terras tão distantes,

oferecerem a teu Filho tão ricos presentes
e, com eles, a si próprios,
e eu, com o coração tão encolhido
e com a mão avara,
eu nada tenho a oferecer a meu Senhor?
Mas que poderei eu, réu infame, oferecer?
3160 Eu que esbanjei todos os bens do Pai celeste?
A nódoa tão grande que meus crimes imprimiram
em mim, tu, boa Mãe,
lava-a na misericórdia de teu Filho.
Os votos que alegre pronunciei outrora,
ligando em laço tríplice minha alma e minha carne,[10]
3165 benévolo receba-os teu Filho, ó Mãe:
são a minha mirra, o meu incenso, o meu ouro!
Sim, tu que procuraste a salvação ao desgraçado,
quando minh'alma se achava de manchas carregada,
prende-me, piedosa Mãe, com o teu doce amor,
3170 a fim de que minha vida seja
hóstia perpétua para o meu Senhor!

---

[10] Alusão a Eclesiastes 4,12 que se aplica aos três votos religiosos: castidade, pobreza e obediência.

PURIFICAÇÃO DA VIRGEM MARIA

SUBMISSÃO À LEI

Eis que raiou, ó Mãe, *Lc 2,22*
após os gozos da maternidade,
o dia suspirado da alegria e da tristeza.
No templo majestoso,
teu divino Filho será ao Pai oferecido
como vítima de glória.
2175 Quarenta vezes já o Sol perfez seu ciclo
e te convida
a deixar o remanso de teu pequeno lar.
Mas por que te aprisionas tantos dias,
ó Mãe puríssima, em tão vil casebre?
Por certo para te purificares,
segundo a lei
3180 e ao templo de Deus, te apresentares pura.
Mas, ficou-te, por ventura, algum ressaibo
da culpa original,
alguma herança do castigo de Eva?
Acaso foi teu Filho concebido como os outros?
Profanados os umbrais do teu pudor?
3185 Esta lei só alcança as mães carregadas
de humano fruto,
e não a ti, ó Mãe do próprio Deus.
À lei tu te submetes qual mulher vulgar?
Tão pouco cuidas de tua dignidade?
Desprezas a glória da virgindade
e a honra de teu Filho,
3190 a ponto de ninguém suspeitar em vós
algo de grandioso?

Não! Só o amor da lei divina é que te impele!
E a engenhosa paixão do último lugar.
Veio de piedade, remédio da miséria humana,
só queres a salvação do mundo!
3195 Não precisavas, Mãe puríssima, de purificação,
não precisavas retirar-te tantos dias num tugúrio,
se foi teu parto que deliu as manchas do universo,
se foi o teu Cordeiro
que lavou as ovelhas maculadas.
Mas foi para purificar-me o íntimo da alma,
3200 que a minha vida manchou de inúmeros pecados.

OFERTA DOS POBREZINHOS

Ao templo sagrado diriges-te, portanto,
para, ao Deus de majestade,
oferecer a ti e oferecer teu Filho,
que levas em teus braços delicados
qual prenda leve do Céu,
a tornar-te delicioso o áspero caminho.
3205 Acompanha-te e guia-te José,
o eterno esposado,
ativo e diligente em obra tão sublime.
Porém, que bela oferta deporás
sobre o altar divino?
Pois não te apresentarás ao Senhor de mãos vazias!
Um casal de pombas será a oferta de teu Filho?
3210 Quem o conhecerá por tão modesta dádiva?
Puderas ofertar um manso cordeirinho:
mas, então, não se distinguiria de teu Filho?
O que, imaculado, agora ao Pai se entrega,
e, como escravo, vai ser resgatado pela mãe
a troco de umas poucas moedas,
3215 mais tarde, qual cordeiro,

CANTO III – NATIVIDADE DE JESUS

no horrendo altar da cruz será cravado,
para lavar, no sangue, os pecados do mundo.
Por certo, não te faltariam posses
para a compra de um cordeiro:
deram-te, há pouco, os Magos avultada soma.
Onde puseste todo aquele peso
de ouro oriental

3220 e os presentes que te enviou o áureo solo da Arábia?
Deliras, insensato!
Nem de leve, ó Mãe, te roçou o coração
a fome inquieta e louca do ouro e pedrarias.
Imediatamente tuas mãos, num rasgo de bondade,
repartiram solícitas
todas essas riquezas pelos pobres.

3225 Estreitando ao peito, com o Filhinho pobre,
pobrezinha Mãe, o que há de mais humilde,
vais ao templo com um casal de rolas.
Ó modelo de piedade,
apaixonada amante da pobreza.
Até há pouco desprezada,
tu a ergues do pó da terra até a luz do Céu.
Riquezas e vãos títulos de glória,
que eu os despreze, ó Mãe:

3230 só quero, no santuário, acompanhar-te a ti
e acompanhar teu Filho.
Não repelirás, de certo, a este servo abjeto
que para sempre deseja pertencer-te
e obedecer a teus acenos.
Assim, talvez um dia,
por tua bondade, será digno do teu penhor.

ENCONTRO COM SIMEÃO

3235 Já penetras do templo sagrado os átrios espaçosos,
Já tocas as portas de ouro e os limiares santos.
Eis que se aproxima um ancião feliz,
venerável pelos muitos anos,   *Lc 2,25*
que vibra ao Espírito de Deus
até as últimas fibras.
Suspira pela salvação do mundo, e de Israel,
3240 e anseia contemplar o belo rosto de teu Filho.
Os cansados dias, de há muito lhos sustenta
esta celeste voz de fé e de esperança:
"Não te velará os olhos a hora derradeira,
sem veres o Cristo do Senhor,
renovador dos séculos!"
3245 Eis que, apenas pressente, pela inspiração divina,
chegar o suspirado tempo,
esquecido de si, esquecido de suas cãs,
deita a correr pelas ruas em direção ao templo.
Logo que viu o Menino
e reconheceu aquele olhar divino
3250 donde os astros do céu tiram sua luz,
rebentam-lhe as lágrimas em rio
e, quase a desmaiar de amor,
estende os braços trementes ao seu Deus Eterno,
arrebata de teus braços Jesus
e solta, como o cisne, seu último canto:

NUNC DIMITIS

3255 "Ó Senhor, eis que raiou o dia   *Lc 2, 29*
que me há de abrir a paz tranquila do sepulcro:
cumpriu-se, à letra, tua fiel palavra!
Já meus olhos contemplaram o Salvador,

CANTO III – NATIVIDADE DE JESUS

que envias a todos os povos do universo,
luz esplendorosa dos gentios cegos
3260 e glória soberana de Israel!"
Assim falou o ancião,
cantando com voz doce as tuas alegrias.
Cumpriram-se, depois, as cerimônias.
Mas lágrimas a fio
começam a correr-lhe pelas faces
e pela alva barba,
e entre gemidos, proferiu também estas palavras: *Lc 2,34*
3265 "Chegará o dia da tristeza
em que te sufocarão lamentos de dor
e lágrimas de sangue.
Espada cruel trespassará teu peito,
e as feridas te abrirão lenta agonia.
3270 Horrenda morte sofrerá teu Filho
para ressurreição de uns, condenação de outros".

VISÃO DOLOROSA

Que era, então, do teu coração, ó Virgem?!
Como, a sangrar das palavras terríveis do ancião,
gemes trespassada pela dor!
A tremer de amor materno já temes pelo Menino,
e o medo cruel te aperta o coração.
3275 Perpassam-te sinistramente pelos olhos
os acerbos suplícios do Filho querido,
e os momentos atrozes da cruel morte.
A agonia que sofrerá mais tarde,
qual manso cordeiro,
já tu a sofres n'alma, qual cordeira mansa.
Ó, Virgem, Mãe puríssima da nossa vida, vê!
3280 Vê o fétido charco de minh'alma.
Saneia meu coração   *Ct 4,15*

e o enche com as límpidas torrentes
que do Líbano te descem ao seio impetuosas.
Partilha comigo de tua dor imensa,
para poder tornar-me, desde já,
o teu escravozinho.

3285 A ti, unido, chorarei
as dores atrocíssimas de Cristo
e as chagas que com ele sofrerás.
O espectro de morte tão atroz
e as penas horrorosas de teu coração
jamais se afastarão de minha mente.[11]

---

[11] A partir desse canto, são frequentes as alusões ao seu exílio em Iperòig, imagem do exílio
espiritual de cada ser humano.

CANTO IV

INFÂNCIA DE JESUS

"Jesus entre os doutores" (século XIV)
Autor: Duccio di Buoninsegna

FUGA PARA O EGITO

"LAVANTA-TE, JOSÉ!"

Ah! Era, ó Mãe, sentença irrevogável do Senhor
3290 que águas do Tánais contemplassem teu rosto,[1]
que tu, com teu meigo Filhinho,
perseguidos pelo cruel edito de um tirano,
percorrêsseis os campos do Nilo.
Era noite!
O sono vencera ao doce Infante e sua Mãe
e os olhos cansados do ancião fiel.
3295 Eis que, por ordem de Deus,   *Mt 2,13*
um mensageiro angélico,
descendo dos céus, dirige-se a José, adormecido, e lhe diz:
"Levanta-te, depressa, guarda fiel;
foge aos raivosos dentes:
o lobo sanguinolento escancara as fauces ofegantes.
O tirano idumeu está alerta
3300 e tem sede de sangue:
o bárbaro rei maquina morte horrenda,
já procura o Menino para trucidá-lo ferozmente,
pois teme nele o herdeiro do seu reino.
Eia, pois, salva do perigo iminente o Menino e sua Mãe,
e foge, depressa, para os plainos do Egito!"
3305 A tremer, ainda, das palavras do Anjo,
José levanta-se
e transmite a Maria as ordens do Céu.

---

[1] Tánais, no latim *Taneos*, cidade situada numa das partes mais orientais do delta do Nilo. Representa aqui todo o Egito.

CORAÇÃO DE MÃE

Como poderei conceber, ó Mãe dulcíssima,
o medo que subitamente te trouxe ao coração
esta notícia.
É verdade que a fé sobranceira de tua alma
3310   com suas fundas raízes
te livra inteiramente de temor.
Tu sabes que o autor da vida,
o criador do mundo,
não há de morrer senão quando quiser.
Mas o amor te faz tremer o coração materno,
amor de Mãe não há mal que não tema.
3315   E, de tanta solicitude,
teme perigos mais graves que verdadeiros:
também a ti te oprimem o coração de muitos modos.
Como a Mãe te obriga o amor
e como a escrava de Deus
suas ordens divinas te incitam
a não sofrer demoras nem relutâncias.
Apertando apaixonadamente ao seio
o teu doce Jesus,
3320   eis que te apressas a fugir pela calada da noite
e o teu filho que era, há pouco, ao teu amor   *Ct 1,13*
um cacho dulcíssimo de uvas,
tornou-se entre os peitos maternos
um feixe de mirra.

O EXÍLIO DA TERRA

Quem pode sonhar para o exílio
verdadeiras consolações,
duradouras alegrias?
3325   E eis que teu Filho,

CANTO IV – INFÂNCIA DE JESUS

que com um só aceno dobra o caminho dos astros
e, imóvel, move o turbilhão dos mundos,
já começa a sofrer,
vergado ao peso do nosso barro,
às vicissitudes da natureza humana.
E tu, juntamente com o Filho
em que mergulhas o pensamento,
3330 com a alma rasgada
te torces no ecúleo da dor.
Somente o Céu
é a mansão perene da felicidade,
que não sofre reveses da fortuna.
Grávida de pecados,
a Terra só produz trabalhos:
é deles, entretanto, que nasce para os justos
o eterno descanso.
3335 Expulso para um país estranho,
teu Filho abraça também esses trabalhos
e abandona os campos da feroz Palestina.
Nem lhe basta,
abrasado como está de amor para conosco,
ter deixado os gozos do reino celestial:
exilado, abandona também o doce berço,
3340 o torrão natal
e o teto hospitaleiro.
Como o primeiro homem foi expulso
do jardim de delícias
exposto às dores múltiplas do exílio,
assim este segundo homem, inda menino,
para restituir aos homens degredados as alegrias
do perdido paraíso,
3345 é com sua Mãe expulso para ignotas plagas,
e, como desterrado,
gira o segundo Adão por terras estrangeiras.

JORNADAS DE ANGÚSTIA

Mas quem me pintara a corte dos incômodos,
que a ti e ao Filho
acompanharam por esses longos caminhos?
Aquele que desceu dos palácios eternos
3350 e há de passar trabalhos pelo mundo ingrato,
quis encher de dores
também a sua infância,
para que nenhuma época de sua vida
estivesse ao abrigo das tempestades da dor.
Eis como já em teu coração, ó Mãe,
penetra aquela espada cruel
que te prometeram
as dolorosas palavras do ancião.
3355 Se eu quisera relembrar esta jornada,
por inóspitos desertos,
de uma Mãe com seu Filhinho
tão duramente torturado,
a minha mão cairia de cansaço,
se quisera escrever passo por passo;
nem minha língua,
nem minha mente teriam forças bastantes.
Se eu pedir ao esquadrão dos anjos
3360 que me comuniquem
o maior número possível de notícias, pedirei
o que os meus rogos jamais poderão exprimir,
porque as tuas dores não ultrapassam
quaisquer palavras.
Ainda que contem os trabalhos que tu sofreste
e que sofreu o Filho
fora da Pátria,
3365 as angústias que te apertaram o coração,
só tu o sabes, ó Mãe,

CANTO IV – INFÂNCIA DE JESUS

só o sabe teu Filho!
Mas já não posso suficientemente narrar
estes padecimentos,
de boa mente os calo.
Contanto que para sempre permaneçam impressos
no meu coração.
E seguindo teus passos, com o coração piedoso,
3370 suporte em companhia do Filho e da Mãe,
como presentes,
as dores de outrora.
Não importa ignorar se isto sofreste ou aquilo;
o que importa saber é que muito sofreste
com o coração tranquilo.
Contudo, não me é lícito, ó Mãe,
silenciar totalmente
sobre os mistérios grandiosos de tão admirável desterro.

CARREIRA DO SOL

3375 Entregaste-te à fuga apressada,
e deixas as terras infiéis,
que o sol divino não deixa aclarar.
Aquele que hão de expulsar do coração
os seus próprios patrícios,
cegos no crime,
será escolhido pelos estrangeiros!
Mas por que, ó Maria, levas este Sol divino
aos campos tenebrosos do Egito?
3380 Tu, a fúlgida luz,
por que te imerges na escuridão profunda?
É porque aos raios deste Sol
foge a noite do Egito,
e, ao pôr do mesmo, cai a noite em Judá.

Ele, por três dias inteiros,[2]   *Êx 10,22*
enquanto o Sol prosseguia na sua rota oculto
e a noite deslizava em seus carros sombrios,
3385 estremeceu de pavor
mergulhado em fundas trevas
e pagou sua perfídia em escuridão
sempre crescente.
Tu, entretanto, resguardada pelas trevas da noite,
conduzes para o Egito o Sol,
ó estrela esplendorosa!
3390 A terra que há de hospedar a ti e a teu Filho
e que há de oferecer,
cheia de solicitude, aos desterrados suas moradas,
ao depois acolherá, no mais profundo de sua alma,[3]
a ti e a Jesus,
quando a fé mostrar o seu semblante à luz do dia,
quando teu Filho
for reconhecido em todo o mundo como Deus,
juntamente com o Pai e o Espírito Santo.
3395 Ó minha alma,
se a culpa te vendou os olhos,
se te cobriu das trevas da maldade,
vai ter com tua mãe,
em cujos braços a origem divina da luz
pousa sob a escuridão da nossa carne.
Dela te há de surgir a fé,
dela toda bela esperança,
3400 dela o amor que não tem fim.
A luz, pois, é conduzida às trevas:
o Deus onipotente
aos portentosos simulacros dos deuses
para que ao brilho da luz fujam as trevas,

---

[2] Alusão à praga das trevas do Egito, que duraram três dias.
[3] O Egito converteu-se depois à fé, e o deserto da Tebaida tornou-se o jardim de santidade.

CANTO IV – INFÂNCIA DE JESUS

e à entrada do verdadeiro Deus
se façam em pedaços as falsas divindades.[4]

O EGITO ILUMINADO

3405 Deixar-se-á de celebrar o pranto de Isis[5]
pelo infeliz Osíris,
para se chorar a morte preciosa de teu Filho.
Já, a Serápis, Mênfis não prestará culto divino:
Serápis será calcado aos pés do Senhor.
Venerará o nome do Salvador Jesus
3410 e desprezará o infame boi do Nilo;[6]
emudecerão de pasmo os latidos do ídolo de Anúbis
e o altar famigerado do imundo cão
ruirá por terra.
Com o latir dos seus galgos celestes,
Deus incutirá terror nos reinos da morte
e expulsará os lobos infernais.
3415 Não ficarão vestígios do templo sobranceiro de Ínaco:
forçada, Bubaste abandonará os seus altares.[7]
Quando a imensidade do mundo
ao nome de Jesus,
dobrando o joelho,
prostrar por terra a face reverente,
toda a Terra acatará, também,
com reverência,
3420 o doce nome da Mãe de Jesus,
proclamará a altas vozes a Mãe feliz, a Imaculada.

---

[4] Os Evangelhos apócrifos e alguns escritos dos santos padres narram que, ao entrar Jesus menino no Egito, caíram por terra os ídolos.
[5] Referência à mitologia grega que narra o assassinato de Osíris, o grande rei e o pranto de sua esposa, Isis.
[6] Referência aos costumes egípcios antigos que adoravam o boi Apis.
[7] Bubaste, cultuada no Egito.

TREVAS DA HERESIA

Eia, pois, ó Mãe,
já que esfacelas os simulacros do Egito,
põe uma barreira à tormenta impetuosa
da horrenda heresia.
3425 Tua fé, que, com firmeza de coração,
respondeu com o "fiat"
à voz do mensageiro celeste,
extinguiu as chamas da peste,
que devorava o mundo,
e lavou nas águas puras do céu
os pecados da Terra.
Vês como a vasta Alemanha[8],
3430 abismada num inferno de erros, precipita-se à fatal ruína.
Vês como a Inglaterra, incendiando os sagrados altares,
venera, com culto horrendo, os monstros perniciosos.
Vês como a França, submergida nas trevas
de uma noite sombria,
entrega-se a novas crenças, que a destroem.
3435 Erguem-se em outras regiões vergonhosos altares,
e cada terra constrói seus deuses monstruosos.
Abate, ó Maria, esses altares nefandos,
amordaça os lábios blasfemos desses cães soberbos.
A tantos reinos gloriosos outrora, pelo esplendor da fé,
3440 e agora envolvidos nas trevas da cegueira e da ignorância.
Alumia com o fulgor genuíno do sol,
que agora, como bela estrela, sustentas no regaço,
para que só a fé romana ostente o belo rosto.

---

[8] Alusão aos efeitos negativos da Reforma Protestante na Alemanha, Inglaterra e França.

CANTO IV – INFÂNCIA DE JESUS

ALMA SEM LUZ

Calcando com os pés vencedores o veneno da heresia,
3345 também a mim, ó Mãe da luz divina,
alumia-me com teus piedosos olhos,
pois me vejo sepultado na escuridão das trevas.
A verdadeira fé cresceu comigo,
desde os verdes anos.
Por graça de teu Filho e tua, doce Mãe!
Logo ao deixar a infância, porém a fulminei
3450 e sepultei sob os meus pecados.[9]
Logo que ela caiu, abatida pela morte horrenda,
a paixão cruel mostrou todas as suas forças.
Ai de mim! Esta tirana me dominou, outrora,
e me curvou a cerviz indolente ao jugo da injustiça;
3455 ela tiranizou meu desditoso coração
e, por vários caminhos,
arrastou-me a seus infames desígnios.
Cobriu-me os olhos cansados com as trevas do inferno
e tudo isto... porque me faltava a luz do teu amor!
E eu, desgraçado, nada enxergava menos,
3460 nada temia menos do que meus infortúnios,
desgraçado, nada temia mais
do que os dons da graça!
Só desejava o destino dos réprobos.
A graça salutar me abandonara a alma,
imersa em podridão;
fugira de meu peito imundo o santo amor de Deus.
3465 Mas a paixão cruel, que tanto tempo
me acorrentou o coração cativo,
como senhora imperiosa, obrigava-me
a perpetrar este e aquele crime

---

[9] Frequentemente, o poeta Anchieta deseja tocar o coração do pecador, a fim de comovê-lo e atraí-lo novamente à graça.

e a pôr de lado o pudor;

e eu obedecia,

indolente escravo, a ordens tão baixas,

3470 tão satisfeito dos meus próprios males!

Eu, que um dia fora purificado com as águas

que jorraram do peito de teu Filho.

Ai de mim! Conspurcado meu rosto do inocente,

já não podia apresentar os traços do Pai celeste.

3475 Aquela semelhança e imagem esplendorosa de Deus vivo

já não existia em meu rosto e, menos, em minhas obras.

Minha alma enlanguecia intimamente,

queimada de maus afetos,

que acendia de contínuo a chama torpe da paixão.

Com a corrupção dos meus sentidos

3480 ficou imaculado até o meu semblante,

e, assim, a minha vida ficou toda uma só mancha.

Quantas eram as artes que o prazer mundano

empregava para entregar-se à maldade,

tantos eram os ídolos que em si ele esculpia.

Quantos eram os deleites que sorvia,

tantos eram os altares,

tantos os deuses que escondia dentro do peito.

3485 Por que buscas o Egito

onde a luz da fé não brilha e se rejeita

o esplendor do verdadeiro Deus?

Eu iluminado ao nascer pela fé verdadeira,

agora, cego de torpe amor,

espezinho os mandamentos do Senhor!

E ele, o pobre Egito,

não conhecia o verdadeiro Deus

3490 ao qual somente é devida toda a glória;

oferecia aos falsos deuses o perfume

do incenso e da oração.

Ao passo que eu, digno sou de toda a lástima,

pois conhecendo o verdadeiro, adoro os falsos,

CANTO IV – INFÂNCIA DE JESUS

antepondo à verdade as falsas alegrias desta vida.
Mênfis celebra as festividades da vaca errante.[10]
Eu, porém, imito as obras do animal imundo.

3495 Ai de mim, em que estado me achava,
quando, despojado da divina veste,
meu rosto tomava, pelas culpas, as formas
do cão infernal.
Para um pouco, ó Mãe,
já te não persegue o tirano Idumeu.
Este desgraçado é que te segue,

3500 consumido de imundícia e mofo:
o pecado, ai! Quão pesado me tornou os passos!
Não te acompanho para dar a morte ao Filho,
mas para que sua bênção me restitua
à vida que perdi.
Não te acompanho para despojar-te do teu rico tesouro,
ó minha Mãe,
mas para que me despojes,
piedosa, o coração de meus pecados.

3505 Para, ó Mãe dulcíssima,
atende ao meu pranto!
Volta os teus olhos bondosos para as minhas culpas!
Nenhum perigo, Senhora, te ameaça,
em olhares um pouco para trás,[11]   *Gn 19,26*
ainda que eu respire fogo de enxofre,

3510 pois levas em teu seio
os caudais de rio inexaurível,
capazes de apagar todos os incêndios do pecado.
Trago, em meu peito tenebroso, horrenda escuridão:
espanca as trevas com raios do teu Sol.
Tenho dentro os covis de muitos monstros infernais,

---

[10] Na mitologia grega, Isis, para procurar o esposo Osíris, despedaçado por Tifon, tomou os chifres de vaca, que ficou sendo seu símbolo.

[11] Alusão a mulher de Ló, que ao olhar para trás, a fim de enxergar as cidades castigadas, ficou convertida em estátua de sal.

que, outrora, foram meus deuses.

3515 Ainda que, entre clarões, por graça do céu,
brilhou-me sempre a verdadeira fé:
morta, porém, à míngua de obras de luz,
por tanto tempo
ficou quase inteiramente sepultada pelos crimes.
Se, agora, estancam as horrendas fontes de meus males,
3520 se minhas mãos e meu espírito já fogem do pecado,
se odeio o crime e abraço o teu amor,
tu que conheces meu coração, tu o sabes!
mais quero antes, sim, a morte mais feroz,
do que sucumbir uma só vez pelo pecado.
3525 Mesmo, porém, que a poderosa graça,
que eu não sinto,
mediante tua intercessão, inunde a alma.
Ainda assim, cuidados lancinantes
me rasgam o coração, que se confrange:
"Que vida há de fechar minha existência?"
3530 Qual horda de inimigos bem armados,
os deuses que adorei,
assaltam a trincheira de minha'alma, impetuosos.
Como os mares se entumecem ao açoite dos ventos
e se atiram cruéis contra o fraco batel,
assim eu, fugindo do Egito, mansão de horrendas trevas,
e dirigindo-me para os fúlgidos montes de Sião,[12]   *Êx 10,22; 14,2*
3535 vejo-me perseguido pela soberba louca
de um rei cruel,
que cerca, num desfiladeiro, as minhas forças.
Miserável, para onde hei de fugir?
De um lado, Herodes com o cutelo a ameaçar-me,
do outro, o Mar Vermelho a barrar-me a passagem.
Tu, ó Mãe piedosa, acode a escudar-me de tantos perigos!

---

[12] Alusão aos israelitas fugindo do Egito: à nona praga das trevas, à dureza do Faraó, ao obstáculo do Mar Vermelho.

CANTO IV – INFÂNCIA DE JESUS

3540 Tu, a mulher forte,
traze-me consolo a tanta aflição!
Não me engano, ó Virgem invencível,
tu és aquela vara do Egito, que amedronta   *Êx 14,16*
os reinos infiéis.
Sustenta-te na mão aquele cuja destra tudo sustenta,
aquele a quem teu seio deu as mãos humanas.
3545 Tendo por companheiro o Deus das Vitórias,
que revestiste de armadura humana,
tu assolas os exércitos do Faraó, que ele prostrou.
Se mandares ao Mar Vermelho encolher-se como num monte,
eu passarei pelo leito seco, a pé seguro.
E se de novo mandares que essa montanha d'agua
3550 volte ao que era,
de envolta com as águas serão arrebatados
meus feros inimigos.
Um dia, Deus, da altura dos céus, gritou
à futura vencedora dos exércitos colossais:
"És tão minha amiga, como outrora os meus cavaleiros,   *Ct 1,9*
que sepultaram os carros do Faraó,
3555 quando, por força de uma vara, o povo de Israel
vadeou o leito do mar profundo,
ao passo que o exército cruel dos inimigos
se submergiu nas ondas agitadas,
e foi castigado juntamente com o seu Faraó.
Assim, agora,
3560 aos teus golpes, tombam as falanges do inferno,
e teu servo humilde escapa a todos os perigos.

A CESTINHA DE JUNCO

Não é em vão que Deus te manda
com teu doce tesouro até as margens do Nilo.

Ele, outrora, em virtude do injusto edito de um rei,[13]   *Êx 1,22*
afoga cruelmente, em suas águas,
tenras criancinhas.

3565 Um belo infante, porém, encerrado numa cestinha,   *Êx 2,3*
salvou do cativeiro a si e a todos os seus.
Tu és esta cestinha, tecida com os juncos dos brejos,
calafetada e pez,
para que as águas do rio não te penetrem.
Quem será tão insensato que procure nós no junco?

3570 Quem afirmará haver, em ti,
ainda a mais pequenina mancha?
Assim como no junco não há nó,
assim não há labéu na Mãe Puríssima:
é imagem de tua vida o junco.
Que nunca puderam as ondas da impureza penetrar-te,
somente a louca raiva de Helvídio o nega.

3575 O claro resplendor da intacta virgindade,
com celeste betume te protegeu o corpo e a alma.
O escuro pez da humildade te defende,
enquanto te enclausuras no teu desprezo próprio.
O horto cerrado do teu seio só se abre

3580 àquele que odeia a vil soberba.
Em tuas sagradas entranhas, noves meses se escondeu;
jamais se abriu, uma só vez, este sacrário.
Agora, deliciando-se na cesta de teus braços,
exilado, busca as águas do Nilo.

3585 E ainda que vos arrastem, em turbilhão,
ondas revoltas,
ficareis protegidos tu e o teu menino.
Nenhum trabalho vos venceu jamais a paciência,
altaneira levanta sempre, sobre as ondas, a cabeça.
Este menino, este pequenino infante   *Êx 2,10.*

---

[13] Paralelismo entre Moisés e Jesus, entre a princesa egípcia, que acolheu Moisés por filho, e Maria, Mãe do Salvador.

CANTO IV – INFÂNCIA DE JESUS

3590 é muito mais famoso que Moisés:
uma princesa muito mais rica que aquela
o há de alimentar.
Não ignoras quem seja
e com doçura infinda ao seio o alimentas,
até que vença a idade da primeira infância.
Mais tarde, quando a idade madura o cumular de forças,
há de mostrar a firmeza de seu braço.
3595 Prostrará com um golpe e sepultará na areia
o inimigo que levou a dura mão ao rosto do hebreu.
Ele vingará e salvará das águas infernais
os que atingiu a morte do primeiro pai.
Em melhores ondas, ele afogará o mundo,
3600 nas que lhe hão de rebentar do peito trespassado.
Vencedor, ele mergulhará, no abismo,   *Êx 15,4*
os carros infernais
e aos seus ostentará os reinos da felicidade.
Expulsos destes reinos, sob o cetro do Faraó do inferno,
sofríamos as penas merecidas pelos nossos crimes.
3605 Tu, que agora desconhecida te escondes
com o Filho desconhecido,
terás, então, incomparável glória para todo o sempre.
Tanto a mulher quanto o homem,
venerando a face imaculada da Mãe de Deus,
encontrarão refúgio nos teus juncos.
Ó cesta tão pequena e que serves de palácio
3610 ao grande Deus,
que tudo em ti encerras,
em teu seio acolhe-me também!
Esconde o criminoso, sob o teto seguro da piedade,
até que a ira do juiz esconda a espada.
Esconde-me, ó meiga cestinha, destes mares
de entranhas agitadas:
não pereça no abismo o que em ti confia.

A ARCA DO TESOURO

3615 Quer te chame balsa, quer te chame bolsa,
seja o que for.
Sempre serás a arca de nossa salvação.
Como balsa, salvas das águas de um rio
o próprio Deus,
que há de lavar, com o rio de seu sangue,
os nossos crimes.
Como bolsa, guardas o ouro do grande rei,
3620 as verdadeiras riquezas que a graça derrama sobre o pobre.
Já pode o indigente prometer-se tesouros infinitos,
ajuntar cofres para transbordá-los de riquezas.
Siga tuas pegadas este mundo mendigo
e aprenda a calcar continuamente aos pés
os ricos palácios.
3625 A pública moeda, confiada a essa bolsa virginal,
há de arrancar completamente a miséria do mundo.
Se queres ser rico, dobra os joelhos e invoca Maria:
ela guarda no seio os tesouros inesgotáveis
do Rei celeste.

O CELEIRO DE JOSÉ

Se, carregado de dívidas, a fome cruel te tiraniza,
3630 sem um amigo que te erga da miséria,[14]   *Gn 37*
dirige-te a Maria:
terás dinheiro e pão, para matar a fome,
para pagar as dívidas!
Ela leva para o Egito o divino José,
que a turba invejosa dos irmãos deseja trucidar.   *Gn 49,22*
3635 "Filho do progresso", ele vaga pelos campos estrangeiros: *Gn 37,14-15*

---

[14] Aplicação da história do antigo José, salvador do Egito, a Jesus e a Maria.

CANTO IV – INFÂNCIA DE JESUS

bom pastor, começa a procurar ovelhas tresmalhadas.

Onde vais, ó Mãe tão apressada?

Onde se aventura este formoso infante,

resplendor e formosura de seu eterno Pai?

Se foge para esconder-se, esconda-se nos céus;

3640 se ele não o quiser, não poderá devorá-lo fera alguma.

Mas ai! Deseja-o quem, mais tarde, vendido,

resgatará o universo

com a chuva torrencial de seu sangue.

Não são os madianitas,

mas tu mesma, ó Mãe dulcíssima, que o levas,

ainda que é a fúria dos irmãos que o obriga a desterrar-se.

3645 De própria vontade, ele demanda os campos de Menfis,

para debelar a fome do universo.

O Deus menino que levas apertado, deliciosamente,

nos teus braços, é o pão e o trigo dos eleitos.

E a abundância deste pão que tu, divino celeiro,   *Gn 41,47*

3650 levas, não durará somente sete anos,

mas enquanto o tempo revolver a sorte dos mortais,

enquanto houver, no céu, vida feliz,

o santuário de teu seio guardou este pão divino:

o régio celeiro de teu regaço o esconde agora.

3655 Ele é o trigo, tu és o celeiro que entesouras

riquezas indefectíveis para a vida.

Seara, sábio agricultor e messe eterna,

Ele mesmo se depositou em teu celeiro.

Ele a todos os reinos da Terra se dá

3660 gratuitamente e abundantemente: *Is 55,1*

pão que se dá, à vontade, e não se paga.

Casa sagrada a todas as gerações inviolável,

cujos umbrais fechou para sempre a virgindade,

nem por isso deixas de abrir aos desterrados

as portas do coração materno.

3665 O que a virgindade fechou, a misericórdia o abre,

fincando morada virginal aberta,

noite e dia, aos viajores.

Aqui vem buscar trigo

os filhos exilados e indigentes de Jacó,

habitantes de Canaã.

Eles reconhecerão por fim,

3670   depois de tanto tempo, a seu irmão,

que, agora, sedentos de sangue, expulsam para o Egito.

De todos os cantos do universo o aguilhão da fome

apressa os povos a buscar suspirado auxílio.

Tu lhes estenderás a mesa, Mãe bondosa,

depositando nela os manjares divinos,

que encerras no regaço.

3675   Quem para celeiro te escolheu,

e em ti se encolheu,

te constitui sua mão distribuidora:

"Ó celeiro, ó depósito inviolável do pão da Verdade,

ó mão generosa, mão sempre patente aos infelizes!"

Mendigo, longe dela,

3680   pesa-me sobre a alma a indigência,

punge-me cruelmente o aguilhão da fome.

Por que hesito?

Eis que me chamas, pobre para enriquecer-me,

esfomeado para saciar-me com teu pão.

Mendigo esfarrapado, eis corro aos teus celeiros,

pois este pão se compra sem dinheiro.

3685   Não temo as trevas do Egito e a noite sombria.

Iluminado por teu Filho, tu és a minha estrela.

Para não me perder nos trilhos do deserto,

teus pés vão marcando, na areia, o meu caminho.

Ainda que a canícula requeime o areal

com o hálito de fogo,

3690   a tua sombra me protegerá

com o orvalhado seio.

CANTO IV – INFÂNCIA DE JESUS

A NUVEM DO DESERTO

Tua glória não passou despercebida ao sacro vate,
quando profetizou a nobre jornada de teu Filho.
Fala da Mãe sob o símbolo de leve nuvem   *Is 19,1*
em que Deus se envolveu
para as planícies visitar de Mênfis.
3695 Para vestires de carne o Filho do Eterno,
o Espírito de Deus
é a nuvem que encobre a maravilha.
Para as núpcias de Deus com a humanidade,
com uma nuvem de carne
a Virgem Mãe cobriu a Deus.
Se a carne que lhe dás é nuvem leve
e transparente aos raios,
3700 de ti irradiará sua mesma glória.
Quando, em teus braços, sobe o menino
sobre a nuvem e voga sobre a multidão dos campos.
Mas, se sustentas quem pesa mais que o mundo inteiro,
como te chamam leve?
3705 É que te criando isenta
do peso da primeira culpa,
aquele que tu levas é quem te leva a ti.
Ainda tão livre estás da carga do pecado
que levas o teu Filho até os astros,
e porque Ele há de lavar no sangue
3710 as culpas da Humanidade,
sustém de boa mente aos ombros
o peso imenso dos pecados.
É por isso que partes para o Egito,
esse covil tenebroso da maldade,
onde ferve, em borbulhões, o crime.
Vais espancar as trevas com a luz,
abrandar a fornalha com a sombra:
levar teus dois auxílios de nuvem.

3715 Para a casa de Jacó sacudir
o jugo vergonhoso dos escravos
e evadir-se do reino da altivez.
Uma coluna de chamas difundia à noite *Êx 13,22*
claridade nova,
e, de dia, orvalhada nuvem fazia de dossel.
Podia, assim, o réu voltar à pátria,
3720 e, das mãos sanguinolentas do tirano,
fugir, atravessando o vasto mar.
Eis que a coluna rutilante
é a que levas, agora, nos teus braços,
de que tiram sua luz o Sol e os astros.[15]
Nuvem de teu Filho, ele é teu resplandor:
de seu rosto promana o brilho que te aclara.
3725 É formosura e glorioso clarão do Pai eterno,
que o gerou antes de criar o luzeiro, *Sl 110,3*
porém, com o véu da carne, Ele venda
o fulgor da divindade
para prostrar, assim, com as duas forças,
as hostes inimigas.
Pois, sem a força da onipotência,
só como homem não pudera vencer a morte
3730 nem, sem a carne do homem,
pudera Deus sofrê-la.
Assim, da prisão tenebrosa do Egito,
ele arrancará o mundo todo,
através do mar vermelho de seu sangue.
Também a nós ele há de preservar, com tua sombra,
das chamas do Sol abrasador,
abrindo-nos caminho para a mansão do gozo.
3735 Ó nuvem, que proteges os tristes desgraçados
com tua meiga sombra,
tu és mais leve e lúcida que os coros celestiais.

---

[15] São Bernardo, Sermo in *Dom. infra oct. Assumptionis.*

CANTO IV – INFÂNCIA DE JESUS

Possam eles o teu barro humano embora superar,
por sua natureza,
a graça divina te faz qual nuvem mais alta,
3740 e os anjos, de seus tronos,
contemplam teu semblante nas alturas.

SOMBRA E FECUNDIDADE

Também és nuvem densa que proteges
os enfermos, com tua sombra espessa,
para que a febre não lavre em suas frontes.
Também te opões aos raios da divina ira,
para que a chama não pulverize os criminosos.
3745 Se te chamar fecunda, também acertarei,
pois soltas torrentes generosas
no deserto das almas.
Seja qual for a figura que te expresse,
tu és, de fato, noite e dia, leve nuvem.
Se alguém te invocar ainda com o menor gemido,
3750 imediatamente vens afagá-lo
como leve aragem.
Roguem-te socorro os que a vida atira
a todas as vicissitudes,
e estarás a seu lado prontamente.
Chamem-te os que têm rasgados, pelo infortúnio,
corpo e alma,
e, mais veloz que o vento, acolherás seus ais.
3755 Para não enumerar os atributos todos
por que te podem invocar,
fica por todos o meu testemunho.
Arrebatado num aluvião de males,
apenas invoquei,
com minha voz cansada, o teu socorro,
mais veloz que o vento sul, te acorreste,

206 SÃO JOSÉ DE ANCHIETA

3760 bondosa Mãe, ao filho indigno,
como ainda agora me assististes carinhosa.
Se ao indigno assim socorres com tanta prontidão,
tanta leveza,
que louco te negará o título de nuvem leve?
Negue-o aquele, se é que existe,[16]
que, invocando teu coração materno,
não sentiu o carinho de tua mão.
3765 Clara, fecunda, ligeira e, há um tempo, densa nuvem,
encobres nossos crimes com o véu do teu amor.
Enquanto, agora, o tenro infante tem
os membros enfaixados,
a nuvem do materno seio o arrebata pelos ares.

PRESSÁGIOS DE TREVA E LUZ

Em breve espancará as trevas,
e, coluna refulgente,
3770 espargirá, pelo mundo, os fulgores de seu brilho.
Então, ele fará rebrilhar de novas glórias
a nuvem que o formou no seio imaculado.
Mas quando, para arrancar o mundo da sombra eterna,
dividir as águas profundas do pecado
com a Cruz ensanguentada,
3775 nimbos do escuro inferno velarão
a coluna resplendente,
e, em escuro manto, o Sol esconderá a fronte.
Então, ó nuvem formosíssima,
as névoas da tristeza cobrirão teu brilho alegre,
e a noite dominará com a sua escuridão.
Tu que, agora, és a única entre as mães,
que salvaste da morte o Filho,

---

[16] São Bernardo, *De Assumpt.*, IV, n. 8.

CANTO IV – INFÂNCIA DE JESUS

3780 encobrindo a fuga no silêncio da noite,
então sepultada em trevas,
tu só, entre todas as mães,
hás de chorar a morte crua de teu Filho.
Julgar-te-ão a desgraçada Mãe
desse ladrão cravado,
a ti, a quem nós cremos Mãe de Deus Onipotente.
3785 Contudo, no meio dessa noite, no meio dessas ondas,
por meio dessas águas,
passará o mundo e cairá o inferno!
E, quando a terceira aurora afugentar
estes nimbos tempestuosos
e o Sol erguer das ondas seu semblante belo,
então fulgurará, de novo, a chama
da coluna ressurgida,
3790 e, no novo brilho, avivará as faces desta nuvem.
Aquela, guiará com clarões de sua luz,
por meio do deserto, as novas gerações
até as moradas da cidade eterna.
E tu estenderás sobre os viajores
uma sombra amiga, toda de orvalho,
voando ligeira pelos ermos a prestar auxílio.
3795 Para nos preparar no céu tronos eternos,   *Jo 14,2*
Jesus, tua luz e glória,
transportado nos braços desta nuvem,
que lhe deu sua carne virginal,
demandará os reinos de seu Pai.
Portanto, tua é a nuvem
3800 que lhe protege a vida e velará a morte,
que, ressurgindo, lhe abrirá os céus.

DESTERRADOS FILHOS DE EVA

Avante, pois, ó Mãe! Não te aterre o trabalho
que sofrerás com teu penhor querido.
Os antigos trabalhos dos mortais,
este trabalho os há de destruir,
há de buscar, nos céus, quanto desejas
distribuir às almas.

3805 Nem te aflija o duro exílio nas planícies do Faraó,
por sete longos anos.
Da mesma forma, fugitivo demandará, um dia,
o pátrio torrão saudoso,
esse que Deus fez o eterno réu dos homens.
Termina já, ó Mãe, tua dura jornada,

3810 e aí, ao pé de Menfis, com o pequeno exilado,
demora-te por quanto Deus quiser.
Apenas feito homem,
ainda na noite de sua infância,
Deus foge exilado da cidade natal,
e tu, sua mãe, partes do teu país
com o teu tesouro.
Ao meio-dia da vida, preso fora dos muros de Sião,
sob os olhos maternos, completará a sua obra,
na tarde tormentosa.

3815 Adiante, pois, e sustenta o teu menino
perseguido por tantas adversidades,
para que a nossa morte caia vencida
junto à cruz do Filho.
A mim mendigo, tu, exilada longe da pátria,
dá-me, enquanto aqui me demoro, uma côdea de pão.
Não me manchem o coração os vícios do Egito.

3820 Que esta alma peregrina suspire sempre
pela verdadeira Pátria.
Como o cervo, trespassado pela flecha mortal,   *Sl 42,2*

CANTO IV – INFÂNCIA DE JESUS

corre anelante às fontes gélidas,
assim eu, atingido pela seta de Deus,
busque, ferido, os mananciais da fonte viva,
3825 procure o desterrado o semblante dos dois desterrados,
Mãe e Filho, que, com meus olhos, hei de ver na Pátria.
É exílio cercado de perigos esta vida,
mas a eterna é o prêmio feliz de tuas mãos.
Tu, Mãe clementíssima, que dás a vida a Deus,
3830 faze que a Ele e, só a Ele, eu dê
para sempre a minha!

REGRESSO À TERRA DE ISRAEL

MORTE DO TIRANO

Já basta, ó Mãe, de ocultar, nas trevas,
o Filho que arrancaste às fauces do leopardo.
Já podes regressar: é ordem do Altíssimo,
e rever o saudoso casebre nazareno.
3835 A fera que arrebatou, a ferro frio,[17]
a vida dos inocentes,
só para abarcar o sangue de teu Filho,
mais feroz consigo que os próprios inimigos,
deu-se, com o próprio braço, morte horrenda:
tombou o lobo sob o algoz da morte,
3840 e paga, agora, seus crimes nas ondas infernais.
Os cúmplices do tirano sanguinário
foram também caindo aos dardos da morte.
Mergulhados nas trevas do profundo báratro,
choram a sua crueldade,
nas águas do fogo eterno.
3845 Já podes voltar, seguramente, com teu Filho,
que já viveu bastante no longínquo Egito,
É à estirpe de Judá que, de direito,
cabe o restante desta vida,
de que há de provir a salvação dos povos.

---

[17] Referência a Herodes, o Grande, que ordenara a matança dos Santos Inocentes e morreu, suicidando-se.

CANTO DO REGRESSO

Assim cantou, na lira, o vate de Jessé,
quando celebrou os gestos grandiosos de teu Filho.
Seja-me lícito, também, com o profeta,
repetir tais louvores,
enquanto solta o marfim as notas deste canto:
"Eis que o descendente do sangue israelita,   *Sl 114,1*
o herdeiro de Isaac,
deixa o Egito, o povo bárbaro,
para semear de inauditos milagres   *Ap 22,11*
a terra da Judeia
e revelar as maravilhas de Deus oculto.
Aqui despertará a graça da nova geração
e, entre os seus santos, parecerá mais santo.
A fé, com que ele glorioso,
um dia subjugará o mundo,
principiará da colina de Sião.

O SENHOR DO MAR

Então, o mar o verá efetuar novos milagres[18]   *Sl 114,3*
e, ao império de sua voz,
acalmará o furor de suas vagas.
Ao despontar na praia como um sol,
o mar oferecerá aos pescadores pesca imensa.
Os vagalhões conhecerão os pés de seu Senhor
e se lhe prostrarão em sólida estrada reverentes.
Um dia, o Norte acumulará, enraivecido,
ondas de ódio,
e a tempestade submergirá a face divinal.

---

[18] Nos versos a seguir é possível identificar alusões à tempestade apaziguada (Mt 8,26); à pesca milagrosa depois da ressurreição de Jesus (Jo 21,4); e do caminhar de Jesus sobre as águas (Mt 14,25).

A morte cruel o arrastará ao alto mar
3870 e um monstro o engolirá em suas fauces.
Até que o abismo aplaque as suas fúrias
e o mármore das ondas se afaste respeitoso,
e o monstro vomite sobre a praia o novo Jonas, *Mt 12,40; Jn 2,11*
para nunca mais beber águas de morte.

CORDEIRO DE DEUS

3875 À sua vinda, as torrentes alegres do Jordão, *Sl 114,3*
num sobressalto, arrepiarão seu curso.
Então a voz do arauto,
o cordeiro que ninguém conhece, *Jo 1,29*
subitamente se mostrará aos homens.
"Eis o próprio Deus, dirá a voz,
o Cordeiro santíssimo de Deus,
3880 que arrancará ao mundo toda raiz do crime."
E o inocente mergulhará na clara linfa:
o contato desta carne santificará
as águas do Batismo.
Como ele se vestiu de pecador,
eis que sinais celestes
o hão de proclamar Deus verdadeiro.
3885 "Este é meu Filho, *Lc 3,22*
a mim unido por eterno amor",
proclama majestosa a voz do Pai.
E o Espírito Santo, da mansão eterna,
sob a forma de pomba enamorada,
baixará sobre a cabeça do lavado.
Bondoso, começará então a repartir,
pelos ingratos homens,
3890 os dons de sua destra, o mel de sua boca.
A causa humana de sua inocência
será submetida a um juiz iníquo,
e, de lábios mudos,

CANTO IV – INFÂNCIA DE JESUS

arrostará a morte dos criminosos.

PASTOR DOS REDIMIDOS

Mas em breve ressurgirá, vencendo a morte,
e as águas contentes do Jordão refluirão de novo.
3895 Com seu cetro justo, regerá os séculos   *Sl 44,7*
esse divino Rei
que sofreu, calado, aos olhos do juiz.
Então, os montes erguerão os seus cabeços,   *Sl 114,4*
que o mar na tempestade submergira.
Surgirá essa legião de homens fortes,
que, para pastores,
3900 o Senhor escolheu de seu rebanho.
Viverão os mimosos cordeirinhos
ao pé de suas mães,
e o bom pastor os tangerá aos verdes prados.
Por que, ó mar, teu dorso de vagas arrepias?   *Sl 114,5*
E tu, Jordão, por que voltas para trás
as tuas águas?
3905 Por que vos empinastes para o céu, ó montes,
como carneiros no pasto entre ovelhas?
Que nova alegria vos percorreu as fibras,
ó colinas a saltar
como cordeiros que marram pelos prados?
Estas maravilhas de Deus onipotente
é que vieram;   *Sl 114,7*
3910 é ele a causa desta alegria nova!
É ele o Filho de Deus
a quem a excelsa filha de Jacó
havia de dar corpo no seio virginal.
Quando ele te apresentar aos povos,
com teu manso semblante,
a terra inteira saltará, fora de si, de gozo.
3915 Ele mandará encher
os empedernidos corações judeus,

como se enchem de água cristalina os lagos.
Como fontes de puro manancial,
fará rebentar torrentes dos rochedos duros.
Quando, em todo o mundo, o arroio de seu sangue
amolecer os corações humanos,
3920 rígidos penhascos na dureza,
ninguém se atribua a glória deste feito: *Sl 115,1*
não cabe em forças de mortal tal obra.
Tudo, Senhor,
realizará tua destra onipotente
e tudo será glória de teu nome.
3925 Quando, forte guerreiro, Jesus investir
os reinos bárbaros,
vencida cairá toda a Terra, de joelhos.
Não será fruto de méritos humanos
a chuva copiosa de tuas mãos,
pois quem se exime à pecha do pecado?
Mas é a clemência que te abre o coração,
3930 é o amor que te enternece o peito.
Para difundir por todos os celestiais tesouros,
confirmando a verdade de teus lábios.

LUZ DAS GENTES

Assim, não poderá jamais a gente cega
alegar ter-lhe faltado
o auxílio de teu braço,
3935 ou o mundo insensato bramar insanamente,
negando a tua divindade.
Mas Deus, o nosso Deus, reina no vértice dos céus
e a sua potestade se estende a toda a Terra.
No Onipotente, que com uma só palavra
3940 fez correr os séculos,
reconheçam seu feitor as criaturas todas!

CANTO IV – INFÂNCIA DE JESUS

Revestindo o seu Verbo com um corpo humano,
esse mesmo Deus restaurará
a sua obra, que jaz dilacerada.
Quando a fé em Jesus se embeber, na Terra,
surgirá, no universo,
a única e verdadeira salvação dos homens.

3945 Os ídolos, que os povos sem razão adoram, *Sl 115,4-7*
mergulhados como estão nas trevas da mentira,
são obras de prata e ouro,
que um homem plasma com algum esforço ou arte;
podem ter lábios, mas não têm sílaba,
3950 olhos e não veem um raio.
Nosso Deus tem voz que chega ao coração
e seus olhos trespassam nossas vestes.
Se aqueles não o ouvem,
é que não há voz alguma para ouvidos surdos,
nem perfume para o olfato obtuso.
3955 Nosso Deus inclina o ouvido
ao mais débil gemido de seus filhos
e sua misericórdia é um odor suave.
Jamais os ídolos dobrarão
entre os dedos uma palha
nem um só passo moverão os pés,
enquanto que o Senhor fez, refez
3960 e rege, com sua destra, o mundo
e, imóvel, percorre o universo.
Os ídolos têm os lábios hirtos
na estulta rigidez em que nasceram,
de sua boca não escapa um som.
Deus com o ribombar de sua voz
aterroriza os ímpios,
e atrai os bons
com a música suave de seus lábios.
3965 Aos ídolos se assemelhem seus feitores
e quantos desgraçados neles põem sua esperança.

PAI ONIPOTENTE

A tribo de Israel escolheu o Senhor,
que lhe dá seu caminho como a filho.
Escolheu ao Senhor a casa de Aarão,
3970 e Deus protege com o braço onipotente.
Qualquer que seja o povo que a Jesus se entregue
com respeitoso amor
e lhe preste como a Deus suas homenagens,
logo, sob as asas de suas mãos divinas,
expulsará o medo e viverá seguro.
3975 Lembrando-se de nós, ele desceu da altura
e, bondoso, espargiu sobre ingratos seus tesouros.
Aos filhos de Israel e de Aarão
e aos povos que ignoram o verdadeiro Deus,
a todos remirá.
Larga foi a sua mão aos grandes, larga aos pequeninos,
3980 que a Deus com puro amor nos fará mercês,
quando, ressuscitado,
seu rosto abrir a porta à divindade.
Oh! Cumule-nos de seus dons o arquiteto
da cidade eterna,
o braço que num gesto fez surgir o mundo,
3985 para si criou a abóbada dos astros,
dando aos homens por morada a Terra:
até sofrendo morte desumana
sob o peso da terra criminosa,
abra em triunfo caminho para o céu.
Não prestarão sua homenagem ao Senhor Jesus
3990 as turbas que a morte violenta chama[19]
"débitos da culpa"

---

[19] Na Idade Média, alguns teólogos elaboraram a doutrina na qual afirmavam que as crianças que faleciam sem receber o sacramento do Batismo permaneciam no Limbo. Tal doutrina nunca entrou oficialmente nas definições dogmáticas do Magistério da Igreja. O Magistério sempre ensinou a confiar essas crianças à Misericórdia de Deus.

CANTO IV – INFÂNCIA DE JESUS

nem os que a fornalha eterna arrebata
e atormenta nos charcos imundos do inferno.
Mas sim os que o divino sopro vivifica
e a graça maternal sustenta.
3995 Destes se levantará um cântico de glória
ao Deus eterno,
que na amplidão dos céus ressoa
e ressoará para sempre.
Eis o que, ó Mãe, língua real cantou,
na volta de teu Filho das planícies de Menfis,
e eu pude, ainda que indigno, repetir, animado
4000 pelo agrado com que tu ajudaste os meus cantares.

PROBLEMAS DIVINOS

Seja-me também permitido, em poucas palavras,
Senhora, interrogar-te,
enquanto o meu espírito medita
obra tão grande.
Por que, ó Virgem,
te escondes no Egito, sete anos,
para salvar teu Filho do punhal de Herodes?
4005 Foi ele que ergueu as muralhas do mundo *Gn 1,31; Sl 33; Gn 2,2*
e, em seis dias, terminou a obra imensa.
Disse uma palavra e, sem trabalho algum,
tudo apareceu criado
e ao sétimo dia descansou contente.
Agora, porém, para restaurar o homem,
alquebrado pelo peso do pecado
4010 e restituí-lo a uma vida nova,
não calcula os humanos interesses
no acanhado espaço de alguns dias:
o seu amor não cabe em dias e semanas.
Sua semana de redenção é toda a vida.

E as horas passam e repassam
seu caminho eterno,
4015 até que o Onipotente puxe as rédeas soltas
e feche, com bondade, a série dos tempos.
Assim, por sete anos exilado
longe da pátria, viverá teu Filho,
e nem ao sétimo dia terá descanso.
Será um exílio toda a sua vida,
4020 ainda que volte aos campos pátrios.
Até que a morte,
fechando o degredo desta vida,
abra-lhe o paraíso, seu real palácio.
Esta volta não será, pois,
o marco final dos trabalhos de teu Filho,
nem das dores da Mãe:
4025 aqui, os sofrimentos e os trabalhos,
aqui, os intermináveis incômodos da vida
hão de seguir-vos até o derradeiro dia.
Aqui, de sete muros cercada, a cruel Judeia   *Ap 17,9*
já prepara para cada legião os sete chefes.
Sentinela feroz bem armada de dardos,
4030 guarda as portas e as muralhas da cidade,
apodrecida de crimes.
Aqui, o dragão rubro de sete cabeças,   *Ap 12,3*
vomita das entranhas seu cruel veneno.
E, para acalentar os sete vícios,
um povo a Deus ingrato
se oporá ao que os combate.
4035 Oh! Quantos opróbrios sofrerá teu Filho,
Mãe dulcíssima,
para expulsar dos corações tais monstros.
Sua voz de pai repreenderá esses soberbos,
e os corações inchados desprezarão
a um Deus que se humilha aos seus pés.
Os pontífices avaros o cobrirão de injúrias,

CANTO IV – INFÂNCIA DE JESUS

4040   pois manda abrir a mão aos pobres,
generosamente.
Ensinará aos homens o celestial segredo
da nívea castidade,
e a turba luxuriosa ouvi-lo-á indignada.
Se quer expelir dos corações os ódios,
fundamentar a doce paz de irmãos
4045   e a glória do amor divino,
verdadeiramente fraterno,
a onda feroz dos maus se atira ingrata
contra a mansidão.
Com que ódio o fixará a turba,
entregue aos torpes prazeres da gula,
e ele a condená-los!
Inveja feroz comida pela raiva,
4050   aguçará os dentes para tragar o bom Pastor.
Enquanto a plebe entrega corpo e alma
a seus vis interesses
e se esquece de prestar a Deus seu culto,
ele lhes lembrará continuamente
a honra do Senhor e os mandamentos do Eterno.
4055   A raiva se erguerá com as costumadas armas,
realizando no Messias
as visões horrendas dos profetas!

SOLUÇÃO DIVINA

Tombado sob a morte,
o vencedor da morte sempiterna
esmagará ao calcanhar os sete monstros.
Para vencer a infernal serpente e suas cabeças,
4060   ele aos servos dará a mesma força,   *Ap 12,11*
espalhará os sete dons do seu amor ·
e rolarão, por terra, as hostes inimigas,

e tu, ó doce Mãe, serás aos servos de teu Filho
fortaleza, muralha, trincheira e torre.
4065 A imagem fulgurante de tua vida heróica
atrairá os nossos corações à heroicidade.
Enamorado do teu amor seguir-te-á
quem quiser, de perto, retratar teu Filho.
Tu também esmagaste a fronte do dragão
4070 e, qual vencedora, convocas teus filhos
sob tuas bandeiras,
estendes com os braços o manto da piedade,
para acolher os que iluminou o teu exemplo.
Feliz de mim, se me acolher a este manto,
se caminhar à luz deste luzeiro.

FECUNDANDO OS CAMINHOS

4075 Mas, eia, vamos!
Depois de sete anos, volta com o teu menino:
já crescido, reveja ele o seu país natal.
Retome a longa jornada, montado num jumentinho,
quem num dedo sustenta a máquina do mundo.
Também, de vez em quando, marque os divinos pés na areia, *Mt 2,22*
4080 fecundando com o seu piso a aridez inculta.
Coberta dos abrolhos da maldade,
essa terra horrorosa
vergará, mais tarde, ao peso de formosos frutos,
quando a multidão dos padres no deserto[20]
consagrar, triunfante, sua vida
aos louvores do Filho e sua Mãe,
4085 então a fé rebentará em belos frutos
e o verdadeiro amor para convosco
fará maravilhas.

[20] Nos primeiros séculos do Cristianismo, os desertos da Arábia, Palestina e do Egito foram povoados de monges eremitas.

CANTO IV – INFÂNCIA DE JESUS

Meu bondoso Menino, volta, portanto,
com tua doce Mãe!
Volta com teu doce Menino, Mãe bondosa!
Mas, olha, não tomes o caminho
da falsa Jerusalém:
4090 longe do Filho
da cidade manchada pelo sangue!
Eis o que Deus avisa em sonhos a José,
cuja fidelidade
guarda, vigilante, a Mãe e o Filho.
"Reina, ainda, o herdeiro da fereza paterna,
ocupa o palácio de Jessé
um ímpio e um injusto!"

FLOR DA MONTANHA

4095 Mas para onde ir? Para a esbelta Nazaré
cantada pelos profetas... por que, ó bela Mãe?
Para que se cumpram, à risca e fielmente,
as previsões dos santos e os ditos dos profetas.
Pois cantaram eles que o Filho de Deus
4100 seria, em sua vida, chamado Nazareno.
Não herdará ele da cidade a força de seu nome,
pois santo é Deus em toda parte.
Mas assim se chamará
porque há de espalhar seus bens por todo o mundo
e ilustrar, com sua glória, os séculos.
4105 Para onde, senão para Nazaré,
iria essa flor dos campos belíssima,[21]   *Ct 2,1; Lc 2,51*
nascida no regaço da Virgem Mãe?
Aqui, exalará o primeiro perfume
de sua vida em flor,

---

[21] São Bernardo (*In adventu Dom., Sermo II*)

sujeito inteiramente às ordens de sua Mãe.
Depois, o fruto já maduro penderá da árvore
4110 para reparar os danos acres do antigo pomo.
E a árvore, que outrora viu o crime
do primeiro pai,
florescerá e deitará um novo fruto.
Quando "Jesus de Nazaré, rei dos Judeus",
lavar, com a seiva da vida, a árvore da morte,
4115 sofrerá, qual manso cordeiro, morte atroz,
para nos dar, com sua morte, os dons da vida!

PRESSENTIMENTOS CRUÉIS

Isto irás meditando, ó Mãe, no íntimo do peito,
para que a dor te penetre,
pouco a pouco, até os ossos.
E a lança, que mergulhou no peito de teu Filho,
4120 te rasgue o coração até o fundo.
No entanto, deixará os muros da real Sião,
que falsamente ostenta nome de paz,
pois aliou-se com a morte e com o poder das trevas, *Is 28,15*
para sorver o sangue de teu Filho.
4125 Não se destina o teu Senhor a uma paz tranquila,
mas a uma tempestade brava e sangrenta.
Agora, ele recusa a guerra:
a bela quadra da infância
será tempo de sossego e paz.
Quando, porém, vierem da horrenda guerra os tempos,
4130 vibrará dardos de raio, com mão forte.
Ferirá os soberbos com a espada do seu verbo
e os que se ataram cegamente
com os laços do prazer.
Sião se insurgirá mais feroz
que inflexível inimigo
e ajuntará exércitos contra o bondoso chefe.

CANTO IV – INFÂNCIA DE JESUS

4135 Laços da concórdia unirão dois inimigos,
o cruel Herodes e o general romano,
para que todo o peso da guerra
caia sobre Jesus e tombe, assim,
ceifado pela morte, sem auxílio.
Assim como para esconder o torpe adúltero,   *2Sm 12,9; 11,15-17*
4140 a infame vergonha do adultério,
sua obra infausta,
o soldado heteu sofreu morte cruel,
abandonado pelo braço dos irmãos,
assim Jesus, deixado aos inimigos,
sofrerá morte sangrenta,
4145 para esconder nossas torpezas e adultérios
e quantas hediondezes no mundo se cometem.
O véu imenso do divino amor
sepultará todos os crimes em seu seio.

EM NAZARÉ

Possuirá a flor da bela mocidade
4150 a santa Nazaré[22]
e será, por isso, a florida mansão da paz.
Nesse calmo remanso, ó Mãe do belo amor,
passe eu tranquilamente a vida com teu Filho!
Aqui, meu coração rebente em flores de virtude,
de que teça sua coroa o teu Jesus florido!
4155 Aqui, com teu cultivo, produza a minha mente
frutos para adoçar os lábios de teu Filho!
Depois, quando vier à cidade deicida[23]
e coroado de espinhos pender do madeiro,
oh! Não me há de negar então,
por teus maternos rogos,
4160 com ele viver, morrer também com ele!

---

[22] Nazaré, em hebraico, significa "santificada", "florida". É a flor da Galileia.
[23] Anchieta previa sua libertação de Iperoig e seu retorno a São Paulo.

# PERDA DE JESUS
NO TEMPLO

JESUS AOS DOZE ANOS

Eis que vêm juntar-se, boa Mãe,
aos passados trabalhos, novas angústias.
Eis que nova dor te martiriza o peito.
Quando atingiu teu Filho doze anos,
ficou, certa vez, no Templo,   *Lc 2,42*
e tu, sem o saber, partiste.

4165 Quem sondaria o seio angustiado
da terna Mãe, ao ver perdido
quem era a maior parte do seu coração?…
Sobes com teu tesouro ao Templo augusto,
como o exige antigo e piedoso uso.
Com o corpo prostras também a alma suplicante,
4170 perante o altar sagrado,
oferecendo a Deus teus dons e tuas preces.
Findo os dias marcados para as festas,
de novo te diriges
ao teto sorridente que te espera.
Mas onde vais, ó Mãe?
Não levas contigo a tua glória!
Oculto ficou teu Filho na cidade!
4175 Se, ao teu fiel esposo, o filho entregas,
ele, com maior razão, o deixa à sua Mãe.
Quer tenhas caminhado por diversa estrada,
que tenhas viajado pela mesma senda,
se o Filho, sem vos dardes conta, vos vendou os olhos,
tua não foi a culpa nem do esposo,
4180 nem os olhos dormiram.
De própria vontade, ele se esconde,

CANTO IV – INFÂNCIA DE JESUS

a fim de que desponte a glória de seu Pai.
Esconde-se para que brilhe o amor sublime
dessa Mãe
que o procura, noite e dia, dolorosa.

Lc 2,48

NOITE ESCURA

4185 Quem pode compreender com que trabalho,
com que angústia, ó Mãe, procuraste-o!
Apenas perfizeras a primeira jornada,
quando o Sol se afundou na pista tenebrosa,
faltava a luz
4190 em que sorve seu brilho o firmamento,
de que tiram suas chamas as auroras,
de que compõem seus raios belos
o eixo do Sol,
e aclara placidamente a vastidão da Terra.
Tu, sem a luz do verdadeiro Sol,
que farias, ó Mãe?
Oh! Quão escura aquela noite foi para teus olhos!

NOITE AMARGURADA

4195 Que queixas arrancarias do coração aflito,
que gemidos voariam para os céus!
Que torrente de lágrimas te deslizaria
pelas faces belas!
Que rio inundaria o peito delicado!
Ainda que procures esconder
intimamente a dor,
4200 ao forte coração vence o amor forte!
Choras o Filho ausente,
e a dor que confrange as fibras mais profundas

espreme, de teus olhos, grossos rios.
Oh! Quantas vezes
encheste de comoção o firmamento,
e a vastidão retumbou com teus gemidos!

NOITE DE SÚPLICAS

4205 Quantas vezes tua alma se prostrou
perante o Onipotente,
com estas expressões de amargura:
"Às lágrimas da Mãe, ó Pai bondoso,
restitui teu Filho;
não me dilaceres ainda mais o coração!
Baste o martírio reservado à minha alma,
4210 quando soar a derradeira hora
do horrendo deicídio;
são tempos de paz estes que me deste, agora,
em que meu Filho se vai fortalecendo
para as futuras pugnas!"

NOITE DE APREENSÕES

Oh! Como te fervilha o coração
neste mar de angústias, Mãe puríssima,
quando não, não há perigo
que não temas para o Filho.
4215 Tu não ignoras seu poder imenso,
que tem, na mão, a morte e a vida do universo.
Mas que males não temerá o amor de Mãe,
que obriga a achar perigo onde não há!
Mais bela do que o Sol, a face de Jesus ausente
4220 brilha presente,
em teu olhar, como insculpida.

CANTO IV – INFÂNCIA DE JESUS

Mas como está ausente, não vês seus meigos olhos
e lanças sobre ti a culpa
e te feres o peito com punhaladas.
Posto que de nada te acusa a consciência,
temes, contudo, seja toda a culpa tua.
4225 Que temes, ó Mãe, joia da santidade!
Nem uma culpa pode manchar a tua alma!

EU SOU O FILHO PERDIDO

Desta dor repentina, eu, eu sou a causa;
é só às minhas culpas que esta culpa
juntar-se deve.
Miserável que fui!
Para esperar-me, o Filho querido
4230 ausenta-se e priva sua Mãe do gozo de seus olhos.
Eu, sim, que me perdi, eu ao meu Deus deixei
e, tresloucado, amo secretamente
a podridão dos vícios!
Eu, sim, que vago errante,
longe do rosto encantador de minha Mãe,
a procurar, por mil caminhos, vãos prazeres.
4235 Não me rendiam o coração
as divinas delícias de Jesus,
nem os encantos do amor materno.
Eu, miserável, longe dos olhos do pastor,   *Lc 15,4*
vagava, fugido e perdido, como ovelha errante.
Eis por que larga sua Mãe querida
4240 e se esconde e se deixa procurar,
como perdido, este doce Menino.
É só para me achar, pois, desgraçado,
perderam-me o inimigo
e longe do Senhor me conduzira!
Se Jesus por meu amor não se perdera,

oh! Certamente eu não seria achado.

4245 A vagar, no deserto, desgarrada ovelhinha,
ele me achou e reconduziu ao doce aprisco.

À PROCURA DA DRACMA

Ele a candeia acendeu, varreu a casa, *Lc 15,8*
à procura da dracma perdida:
achou-a e exultou de imenso gozo.
E, por teres, ó Mãe, tua parte nesta glória,
4250 sejam, para me achar, tuas lágrimas e dores.
Tu és a habitação vastíssima de Deus,
que se encerra em tua mente e em teu seio,
que te reclama como obra sua inteira.
Se, pois, és a habitação do Filho,
é justo que em ti varra e em ti procure
as vítimas perdidas do pecado.
4255 Ele é quem tolda em teu coração o puro gozo
e te propina a taça da amargura,
mudou o doce riso em duro pranto,
meigos carinhos em cruéis angústias.
Densa bruma varreu a branda primavera,
4260 trevosa noite encobriu a luz do dia!
O exército da dor alvorotou
a alma serena,
varrendo o palácio, quando Deus se ocultava.
Ele que, agora vivo, esconde por três dias
seu semblante,
sem que nada lhe empane o brilho e a formosura,
4265 mais tarde esconderá, no rosto deformado.
os seus divinos olhos,
alvejados pelos dardos sangrentos da morte.
Há de cobrir seu corpo, por três dias,
com grosso manto de pedra,

CANTO IV – INFÂNCIA DE JESUS

e tu não terás quem te enxugue o pranto,
até que aquele que amas apaixonadamente,
4270 encontre e arranque dos infernos
o homem perdido pelo erro.
Foi assim que, tresmalhado, me encontraram
a morte de Jesus e as dores de sua Mãe:
estas foram as causas de minha vida!
Não te custe, pois, chorar um pouco
o Filho ausente,
a glória encoberta de teu coração.
4275 Faze com que não se cansem meus suspiros
de violentar os céus
e o coração não corte a sua voz de lágrimas.
Que me atormentem as saudades do Senhor,
oculto nas alturas,
enquanto, longe da pátria, sofro o exílio.

DILIGÊNCIA DO AMOR

Mas que fazes, ó Mãe?
Tanto te absorve a dor imensurável
4280 que esqueces teu dever de Mãe?
Muito pelo contrário, o amor do ausente,
causa da dor cruel,
estimula-te a alma com diligência incrível.
Entre parentes e amigos, o Filho procuras,   *Lc 2,44*
e, a cada canto, o amor dirige o teu olhar.
4285 Ora a este, ora àquele, tu perguntas
se acaso viu teu Filho,
nem te cansas de repetir esta pergunta.
Indagas o que três ou quatro vezes indagaste,
e, quanto mais perguntas,
mais sede tens de perguntar:
"Vistes, porventura, o Filho meu querido,   *Ct 3,3*

4290 a minha vida única, meu único amor?" *Ct 5,10; Is 13,12*
"Ó mulher entre as mulheres formosíssima,
como é esse teu Filho, esse teu amor?
Porventura é o que tem a fronte
mais fúlgida que o ouro trabalhado,
a cujo aceno obedecem Céus e Terra?
4295 Sua voz, como o mel suave do seu Verbo,
irriga de doçuras nossos lábios?
Sua beleza é singular como a do Líbano,
e dela irradia o celestial candor dos Santos?
É ele aquele infante tão doce
e suspirado,
4300 que obriga os corações ao seu amor?
Sim, é ele que, entre soluços, ansiosas buscas:
é o Filho de Deus, Filho igualmente teu.

ONDE ACHAR JESUS?

Quem procurará contigo um tal amigo,
com solicitude
e a arder todo em seu amor?
4305 Se o permites, irei contigo, angustiada Mãe.
Talvez se deixe achar, mostrando-me seu rosto.
Não acharás, entre os parentes, traços
de quem é um peregrino entre os irmãos. *Sl 69,9*
Não encontram teu Filho
os que só aguilhão da glória humana sentem,
4310 mas os que sentem a glória do amor divino.
Está oculto em Sião.
Busca-o, pois, no sagrado recinto da cidade.
Só aí se pode achar o Rei da paz.
Futuro vencedor dará a paz suspirada
aos que hão de desfrutar da visão superna.
4315 Não se escondeu no palácio do rei

CANTO IV – INFÂNCIA DE JESUS

ou do governador:
nele grassa abundante o prazer e a lascívia.
Quem só a glória do Eterno aspira
e a duros trabalhos por seu amor,
acolhe-se ao templo do Pai, como era justo,
aqui o encontraram, alheio inteiramente
4320 aos cuidados do mundo,
esquecido até dos próprios pais.

Mt 11,8

O PEQUENO DOUTOR

Em meio de tão fulgente coroa de doutores,
ele solta os primeiros veios de seus lábios.
Pergunta muitas coisas
sobre os santos oráculos
que os profetas, outrora, decantaram;
4325 ouve, por sua vez, de boa mente,
as inúmeras perguntas dos doutores,
explicando as questões, à maravilha.
Os grandes mistérios
arranca-os do abismo em que jaziam,
ignorados tantos séculos.
A multidão dos sábios pende-lhe dos lábios,
4330 sem poder seguir, nos voos, ao pequeno doutor.
Tanta sabedoria jorra de seu peito,
tanta harmonia escapa dos divinos lábios!

Mt 13,35

ALEGRIA DO ENCONTRO

Após tantos suspiros, que sentimentos, ó Mãe,
te empolgaram,
ao reveres do Filho os olhos deliciosos!
4335 Que novo esplendor te iluminou o rosto,

quando essa luz mais rútila que os astros
mostrou o seu semblante ao teu olhar!
Que torrentes de gozo não te inundaram a alma,
quando sorvias da própria fonte a alegria!
Que chamas de amor não te abrasaram o peito,
4340 quando o amor achado te encheu o coração!
Tu, ó Mãe bondosa,
tu, depois de tanto sofrimento, sabes também
quanto gozo alcança a dor materna.
Tu, ó Mãe, tu o sentes sem o poder dizer,
nem eu sou digno de ouvir estas grandezas.
4345 Mas podes dar, ao meu desejo, lágrimas,
por me terem perdido os gozos,
procurando-os, desgraçado, onde os não há.
Mas podes restituir-me, por seus méritos,
o teu Jesus perdido,
achado, bondosa Mãe, por tuas lágrimas.
Podes dar-me pelo menos uma parcela do gozo
4350 com que, no encontro,
o Filho te encheu o coração.
Se isto me concedes,
amargor de luto espremerás de um peito
eternamente teu.
Agora, siga, Jesus, seu Pai e sua Mãe,   *Lc 2,51*
para a florida habitação de Nazaré:
4355 aí, humilde, oculta e longamente,
obedeça às suas ordens,
sepultando, na sombra, o esplendor divino.
Até que dos trinta anos, nas praças de Sião,
proclame as ordens de seu Pai celeste.
Ó menino, verdadeiro Filho do Onipotente;
4360 beleza, luz e glória de tua Mãe!
Sê, ó Deus, a única e puríssima delícia
deste meu coração,
a glória e a felicidade minha eternamente.

CANTO IV – INFÂNCIA DE JESUS

Ó Mãe formosíssima de Deus,
restaura o coração do pobrezinho servo,
pondo em mim teus olhos compassivos.
4365 Seja meu único amor Jesus com sua Mãe,
a Mãe com seu Jesus!

CANTO V

PAIXÃO E GLÓRIA
DE JESUS E DE MARIA

"Ressurreição" (século XV)
Autor: Piero della Francesca

COMPAIXÃO E PRANTO DA VIRGEM

QUADROS ANGUSTIOSOS

Ó minha alma, por que é que te entorpeces,
sepultada em tanta sonolência?
Por que ressonas,
abismada em tão pesado dormir?
Não te comovem as angustiosas lágrimas
da Mãe que chora
a morte tormentosa de seu Filho?
Suas entranhas se liquefazem de dor,
ao contemplar-lhe
as feridas de que está coberto,
oh! Sim, minha alma!
Por onde quer que olhares, tu encontrarás
tingido pelo sangue de Jesus.
Vê como jaz prostrado ante seu Pai,
como suor de sangue lhe banha todo o corpo.
Vê como o prende, qual ladrão,
a horda selvagem!
Como o calca aos pés
e lhe atira o laço às mãos e ao pescoço.
Vê como ante Anás,
cruel soldado, com a pesada mão,
ousa imprimir sangrenta bofetada
no rosto divinal!
Não reparas como, diante do soberbo Caifás,
ele sofre, humilde,
mil impropérios, escarros e punhadas?
Quando o ferem
não retira a face, deixa que lhe arranquem

a cabeleira e a veneranda barba.

4385 Olha como o carrasco, com azorrague fero,
retalha os doces membros do teu Deus!
Olha como os duros espinhos lhe trespassam
as fontes sacratíssimas,
e lhe riscam rios de sangue
nas faces belas.
Não vês como, esfarrapados cruelmente, os membros

4390 mal pode suster
nos ombros o peso desumano?
Repara como a ímpia destra algoz
encrava no madeiro, com pregos pontiagudos,
as mãos do inocente.
Também repara como, com agudos pregos,
no madeiro encrava
os pés imaculados.

4395 Olha como todo uma chaga, pende
do lenho duro
e lava a larga ferida do rasgado peito
donde jorra um veio
de água e sangue.

COMPAIXÃO DA MÃE

Tudo isto, se o não sentes,
a Mãe angustiosa

4400 reclama para si estas feridas,
feridas de seu Filho!
Pois quantas torturas padeceu o Filho
em seu corpo inocente
tantas sofre a compassiva Mãe
no coração.
Ergue-te, pois!
E, pelas ímpias ruas de Sião,

CANTO V – PAIXÃO E GLÓRIA DE JESUS E DE MARIA

busca com coração piedoso
a Mãe de Deus!
4405 Ambos, aqui e ali,
pegadas luminosas te deixaram,
marcando-te o caminho que trilhasses.
Ele, arrastado, tingiu-o com seu sangue,
e ela, triste,
foi regando o pó com suas lágrimas.
Procura tua Mãe.
Talvez trarás consolo a todo pranto,
4410 se é que há de dobrar às tuas lágrimas.
Porém, se tanta dor
não pode admitir consolação,
pois que a sombria morte lhe roubou
a Vida de sua vida,
ao menos tu inundarás de lágrimas
teus grandes crimes,
pois que foram a causa desta morte
tão tormentosa.
4415 Mas para onde te arrojou, ó Mãe,
este tamanho turbilhão de dores?
Que terra acolhe teu pranto inconsolável?
Poderá escutar tuas vozes e lamentos
esta colina
em que apodrecem brancas ossadas de mortais,
à flor da terra?

MARIA PAGA O PECADO DE EVA

E sofres, porventura, à sombra desta árvore
tão perfumosa
4420 donde pende o teu amor, o teu Jesus?
Em meio de tuas lágrimas,
aí estás a pagar, trespassada de dor,

os gozos ilícitos da primeira mãe.
Ela deixou-se enganar sob as frondes
da árvore proibida,   *Ct 8,5*
e, loquaz e estulta, ergueu para o fruto
a audaciosa mão.
4425 O Fruto precioso da árvore de teu seio
este alimenta eternamente a vida de sua Mãe.
Os queridos penhores que matou
a seiva do pecado,
ele os ressuscita e os confia ao teu carinho.
Mas foi-se a tua Vida!
O amor delicioso de teu coração,
4430 a força de teu ser!
E, juntamente com ele, tudo se foi,
Arrebatou-o o cruel inimigo
e deu-lhe a morte,
àquele que dos peitos te pendeu,
qual doce fardo.

TODA A PAIXÃO NO CORAÇÃO

Sucumbiu Jesus, crivado de mil chagas,
a formosura, a glória, a luz de tua alma!
4435 Quantas foram suas chagas
tantas as dores que te alancearam,
pois que tu e teu Filho só éreis uma vida.
Encerrado no fundo de teu coração,
sem ter jamais abandonado esta morada
do teu regaço,
para depois morrer assim.
4440 Traído e tão barbaramente trucidado,
não podia deixar de te rasgar o coração
com a espada mais atroz.
Teu amante coração

CANTO V – PAIXÃO E GLÓRIA DE JESUS E DE MARIA

retalhou-o lastimosamente o azorrague,
e a coroa de espinhos ensanguentou
teu coração amante.
Com os cravos à frente, a verter sangue,
conjuraram contra ti
quantos martírios sofreu na Cruz teu Filho.
4445 Mas como vives ainda, se morreu tua vida?
Por que com o teu Deus
te não arrebatou a mesma morte?
Como te não arrancou o coração
o último suspiro de Jesus,
se uma só alma unia as duas vidas?
Não podia, decerto,
suportar tua vida tão acerbas dores,
4450 nem mesmo o teu amor imensurável,
se te não sustentasse de teu Filho o braço.
Permitindo, ao teu Coração, novos martírios
sim, vives ainda, ó Mãe, para sofrer
novos trabalhos.
Já te bate à porta
a última onde deste mar de sangue.
4455 Cobre, ó Mãe, o semblante,
venda os amantes olhos:
como um furacão a hasta agita as leves auras.

CORAÇÃO RASGADO!

A lança rasga o peito do Filho inanimado
e treme ao lhe cravar o Coração.
Faltava a tantas dores,
4460 oh! Faltava este complemento crudelíssimo!
Este suplício a mais,
mais esta chaga atroz te estava reservada:
esta dor cruel seria a sua herança.

Oh, quanto quiseras
te cravassem na Cruz com o teu Jesus,
as mãos virginais às mãos divinas,
os pés virginais aos pés divinos!
4465 Ele, porém, escolheu para si
a Cruz e os duros cravos,
reservando a fria lança ao teu coração.
Descansa, pois, ó Mãe,
já tens quanto querias,
toda esta dor te estala nas fibras do coração.
A ferida cruel que achou o corpo de Jesus
já frio pela morte,
4470 só tu a sentiste no teu coração amante.

HINO DE AMOR AO CORAÇÃO DE JESUS

Ó Coração Sagrado,[1]
não foi o ferro de uma lança que te abriu,
mas sim o teu apaixonado amor por nós!
Ó caudal que borbulhou no seio do paraíso,
de tuas águas se embebe e fertiliza a terra!
4475 Ó estrada real, porta cravejada do Céu,
torre de refúgio, abrigo de esperança!
Ó rosa a trescalar
o perfume divino da virtude!
Pedra preciosa com que o pobre compra
um trono no Céu!
Ninho em que as cândidas pombinhas
4480 depositam seus ovinhos,
em que a pomba casta alimenta seus filhotes.
Ó rubra chaga,
que reverberas de imensa formosura

---

[1] Esse trecho sobre o Coração de Jesus pode ser considerado o ápice do Poema. Anchieta é o precursor da espiritualidade do Sagrado Coração de Jesus.

CANTO V – PAIXÃO E GLÓRIA DE JESUS E DE MARIA

e feres de amor os corações amigos!
Ó ferida que abriste
com a lança do amor, através do peito divinal,
estrada larga para o Coração de Cristo!
4485 Prova de inaudito amor
com que ele a si nos estreitou:
porto a que se acolhe a barca na procela!
A ti recorrem do inimigo fero,
medicina pronta a toda a enfermidade!
Em ti vai sorver consolação o triste
4490 e arrancar do peito opresso a carga da tristeza.
Não será frustrada a esperança do pobre réu,
que, depondo o temor,
entra nos palácios do paraíso,
por tua via.
Ó morada da paz!
Ó veio perene da água viva
que jorra para a vida eterna!
4495 Só em ti, ó Mãe, foi rasgada esta ferida,
só tu a sofres,
somente tu a podes franquear.
Deixa-me entrar no peito aberto pelo ferro
e ir morar no Coração de meu Senhor;
por esta estrada chegarei
até as entranhas deste amor piedoso;
4500 aí farei o meu descanso, minha eterna morada.
Aí afundarei os meu delitos
no rio de seu sangue,
e lavarei as torpezas de minha alma,
nesta água cristalina.
Nesta morada, neste remanso,
o resto de meus dias, quão suave será viver,
aí, por fim, morrer!

NUM TRONO DE DORES

4505 Mas por que com clamores insensatos
eu firo teus ouvidos,
se a dor obriga a ti esqueceres de ti própria?
Mergulhada em tristeza
e trespassada por cruel espada,
o chão te dá um trono,
ó rainha de dores e gemidos!
No seio amante recebes, Virgem inconsolável,
o cadáver do Filho,
4510 esfarrapado pela chaga e pela morte.
Tu, num mar de lamentos,
deixas correr este teu pranto amargo,
regando, com tuas lágrimas piedosas,
os membros ensanguentados de teu Filho.
Os teus soluços,
abalaram-te o íntimo da alma
e, rompendo em doces queixas,
assim te expandes tu, entre gemidos.

LAMENTAÇÃO E DESTROÇO

4515 Filho, cruel ferida desta pobre Mãe!
Ai! Como estás dilacerado tão horrendamente!
Ó sol divino, coberto por humanas trevas!
Ó vida esplendorosa,
que te ofuscaste pela morte crua!
Que mão ousou infligir-te tão feras dores?
4520 Como endureceu tua fronte
de tão cruéis espinhos machucada?
Que cravo tão feroz
te atravessou, de lado a lado, as mãos de neve?
Por que se patenteia o peito teu

CANTO V – PAIXÃO E GLÓRIA DE JESUS E DE MARIA

com tão larga ferida?
Que desbotou a rósea cor de tuas faces belas?
E a digna formosura de teu rosto,
onde se foi?
4525 É esta a cabeça a cujo aceno tremem
as muralhas fortíssimas da Terra
e a mole das estrelas?
É ante estes olhos
que se ofuscavam os astros do céu tranquilo,
e o Sol fulgurante, quando, em seu carro, corta
o mais alto dos céus?
É destes lábios que escorria o mel
e os bálsamos divinos? *Ct 4,11; Jo 4,14*
4530 É desta boca que jorrava a fonte
de água viva?
São estas mãos a cujo toque ressurgiam
os corpos enfermos, *Is 53,2*
já quase nos abismos da morte sepultados?
Ai, como te vejo! Filho, já não te doura
o primitivo brilho;
não ostenta tua face a antiga formosura!
4535 Duros açoites *Sl 22,17*
macularam-te com sangue o belo corpo,
e das junturas fizeram ressaltar os ossos.
Hórrida palidez se apoderou das faces lívidas:
a barba devastada
se empastou de sangue endurecido.
Os braços, com as palmas encravadas,
enrijeceram-se
4540 e a rigidez da morte
apoderou-se de tuas pernas e teus pés!
Mas como se embraveceram os mares,
ao sopro destes ventos repentinos? *Sl 69,3*
Em que fera tempestade
tu te achas mergulhado até a fronte?

Meu Filho, glória do Céu,
que desgraça te roubou ao meu amor?
Que onda malvada arrebatou-se dos meus braços?
4545 Onde se sumiu o esplendor do Pai,
ó meu Jesus formoso?
Onde é que está o Filho desta Mãe?

SAUDADES CRUÉIS

Tu, com tua doçura,
aos pais desconsolados outrora consolavas
e restituías às mães seus perdidos penhores.
Mas a mim, o que a morte feroz me arrebatou,
quem mo restituirá?
4550 As lágrimas de tua Mãe, quem as enxugará?
Que farei de ti, Filho dulcíssimo?
Quem será o amparo de minha tristeza
e abrigo nesta tormenta?
Tu eras o meu Filho, a minha doçura toda,
eras meu Pai, meu Esposo, meu Irmão.
4555 Agora, tua Mãe já não é tua Mãe,
pois tu, meu Filho morreste:
sem Pai, sem Esposo, sem Irmão, eu choro inconsolável!
Estiolado pelos ardores do Sol,
já te não acolherei,
doce cordeiro, no redil de meu seio.
Sem ti, meu penhor querido,
4560 não mais o doce nome da mãe trará sublimes gozos
ao coração materno.   *Sl 22,17*
A cães sedentos de sangue te lançaram,
Filho de minhas entranhas;
como presa te entregaram a lobos carniceiros.
Ah! Pobre de mim!
A minha dor cruel não acha alívio algum:

CANTO V – PAIXÃO E GLÓRIA DE JESUS E DE MARIA

só as lágrimas saciam os meus gemidos.

4565 Um dia bastou
para roubar a alegria ao coração materno,
bastou um dia para enchê-lo de tormento e luto!
Filho, outrora meu descanso e agora meu punhal,
outrora uma esperança,
e agora...chaga!

PERGUNTAS SEM RESPOSTA

Que crimes cometeste, depois que das alturas[2]
4570 baixaste a esta Terra?
Que torpeza penetrou tua inocência?
Que atentado pesa sobre a augusta cabeça,
para inventar o algoz suplício
e atormentar-te
as fontes sacratíssimas?
Que conluio travaram língua e paladar,
4575 para merecer de fel a taça amarga?
Por que te esmaga as palmas cravo agudo?
Que culpa mancha
as inocentes mãos,
por que te rasga as plantas cruel chaga?
Que falta cometeram
teus sacrossantos pés?
Por que fendeu a lança o peito divinal?
4580 Que maquinavam
as entranhas do teu amante coração?
Tu nenhum mal fizeste.
O mundo é que perpetrou crimes enormes
que te causaram tão horrenda morte!
Tanto assim monta a salvação dos homens

---

[2] Muito provavelmente, essas interrogações foram inspiradas na Liturgia da Sexta-feira Santa.

e a redenção das almas
e tanto o amor que pulsa no peito do Senhor!
4585 Ó Filho, não me falas?
Não te movem os lamentos desta pobre Mãe,
nem as entranhas pela dor despedaçadas?
Quem foi que impôs
ao Verbo do Pai tão triste silêncio?
Por que às minhas lágrimas tu nada respondes?
Por que é que tua língua,
que a tantos mudos desatava os laços,
4590 só para mim não tem uma palavra?
Que culpa me atraiu tanto tormento
e tanta angústia?
São estes os gozos com que premias,
meu Filho, a tua Mãe?
Será porque te embalei suavemente
em meu regaço,
e eras o doce fardo do meu seio,
4595 que agora te vejo, assim, todo chagado,
e, lacrimosa,
te estreito ao coração, triste despojo?
Será porque imprimi,
em tua rósea boca, beijos ternos,
que agora me tinge os lábios o teu sangue?
Foi, porventura, um crime,
4600 com o peito a transbordar do leite maternal
ter chegado docemente aos labiozinhos?
Por que quiseste   *Jr 3,19*
que tua doce Mãe sorvesse o amargo absinto,
e seu coração com tanto fel se entumecesse?
De quem é a culpa?
De não ter o teu amor
marcos que o limitem no meu peito?

CANTO V – PAIXÃO E GLÓRIA DE JESUS E DE MARIA

HERDEIRA DE DORES

4605 Eis que esse doce amor se me tornou carrasco
e me inflige golpes que me chegam aos ossos!
Que heranças, que legítimas riquezas,
Filho, ao morrer, deixas à tua Mãe paupérrima?
Ai de mim! Palmas trespassadas,
4610 pés endurecidos, fronte e peito esfarrapados
me darão suas riquezas.
Uns açoites e uns cravos, um carvalho nodoso,
uma lança e uma coroa ensanguentada,
eis toda a minha herança!
De tudo isto eu hei de me apossar,
como espólio meu legal,
pobre herdeira que sou de teus haveres.
4615 Com tais adornos caminharei altiva,
por rica me haverei,
e sempre guardarei estes despojos
no escrínio de meu peito.
Primeiro a morte, com a feroz espada,
do peito há de arrancar a minha alma,
do que estes meus tesouros.
A minha luz está imersa em densas trevas
4620 e a vida me tombou
ceifada pela Cruz.

O AMOR TUDO VENCE

Em que obra o meu doce cordeiro, o meu Filho Jesus
te ofendeu ou te lesou, ó Pai Celeste?
Ele as culpas do mundo criminoso
há de expiar?
Ele as penas em que os réus incorrem
há de sofrer?

4625 Para que não pereçam os culpados,
entrega-se o inocente?
Com o crime do escravo carrega o Filho amado?
Resgate, com dura morte, a vida dos homens,
e, só assim,
lhes poderá ganhar a salvação?
Não, não custava ela tanto assim!
Foi tua bondade que a tanto te arrastou.
4630 O amor, que tudo vence,
venceu também a ti! *Jl 1,8*
Chora Sião,
o destino cruel do doce Pai, morto por ti,
para não morreres tu.
É assim que morres, minha doce Luz?
Dulcíssimo Jesus, para eu viver,
assim te ceifa a morte violenta?
4635 Tu, meu Deus,
abraçares, assim, a morte atroz,
e eu, tua Mãe,
continuar a viver, quando tu morres?
Certamente feliz
eu era, quando eu vivia e tu vivias,
como agora o seria se morresse,
quando tu morres.

O CORAÇÃO-SEPULCRO

Feliz o mármore que, em breve, abrigará teu corpo,
e, em meu lugar,
4640 no pio seio acolherá teus membros.
Ao entrares na vida,
foi em minhas entranhas que doce repousaste;
ao saíres dela,
só uma pedra é que terás por leito,

CANTO V – PAIXÃO E GLÓRIA DE JESUS E DE MARIA

Mas que malvado
te há de arrebatar do meu regaço?
Quem me apartará dos olhos esta triste ruína?
4645 Ah! Não te hão de arrancar de mim!
No mesmo túmulo nos hão de sepultar a ambos:
uma só lousa cobrirá dois corpos!
Eis que, aqui, te aqueço no regaço
o miserando corpo,
acompanhar-te-ia à sepultura,
se mo permitisses.
Mas porque não posso romper com a vida tão cruel,
4650 e me é uma dor imensa o viver longe
do teu semblante,
tu, meu Filho, guardarás o coração de tua Mãe
em teu sepulcro,
e o amor materno sepultar-te-á,
aqui, no coração.

À MORTE

Ó morte, por que me rasgas as entranhas
com tua aguda espada?
E, ensanguentada,
arrebatas do colo maternal o Filho?
4655 Cruel! Por que me levas o Tesouro
e me deixas a mim?
Por que não vibra teu furor, as armas contra mim?
Piedosa foras,
se a ambos feriras com o mesmo dardo,
se a mesma Cruz tirara aos dois a vida.
Feroz contra a vida do Filho,
contra a da Mãe, a quem poupaste, mais fera ainda.
4660 Se ambos morrêramos,
bondosa, então para ambos foras.

Teus últimos dardos,
lança-os, agora, contra esta Mãe aflita:
obriga-me a morrer,
a mim, que, sem meu Filho, obrigas a viver!

O VERDADEIRO ALGOZ

Esta e muitas outras queixas diriges
ao Filho morto, entre gemidos,
mas nenhum alívio encontra a tua dor.
4665 Quem te nublou o peito com tão fundo luto?
E como pôde invadir-te o coração,
tristeza tão acerba?
Por que te afeiam o rosto tantas lágrimas?
Por que estes rios incessantes de teus olhos?
Por que tantos gemidos, tantas dores?
Quem foi que amargurou,
4670 assim, tuas entranhas?
Quem é que te transpassa o coração
com tão feroz espada?
Quem te cravou, nas veias, tão agudas setas?
Oh! Meus crimes é que cavaram estas chagas,
minhas mãos abriram estas cruéis feridas,
4675 eu, eu lhe torturei com azorragues o corpo,
com a coroa à fronte,
eu lhe cravei as mãos e os inocentes pés.
Eu, com a lança, lhe rasguei o lado e as entranhas,
eu a causa fui da morte de teu Filho.
Sim, minhas culpas exigiram estas chagas,
4680 este era o castigo
a meus crimes devido.
Eu fui o infrator da lei,
ele foi o sangue puro da expiação;
eu, o ofensor, e ele, o sacrifício.

CANTO V – PAIXÃO E GLÓRIA DE JESUS E DE MARIA

Eu fui o que pequei, e ele, o que levou as dores;
eu é quem sou réu de morte,
quem morre, é ele!
4685 Eu fui o assassino do Filho, sim,
e também da Mãe,
pois ele era a vida do teu coração.
Que farei desgraçado?
A sua ira se avoluma contra mim,
e, com toda a justiça, tu própria me ameaças.
Quando revolvo as obras de meu braço,
4690 nenhuma esperança
então me acode
de te poder aplacar.

ESPERANÇA

Mas quando relembro o cru destino de teu Filho,
vem-me, juntamente com a ideia de morte,
a da esperança.
Não carregarás contra mim a fronte;
à vista do seu sangue,
o sangue piedoso te desarma.
4695 Acolher-me-ei
à chaga deste coração materno:
ele é Calvário
no qual Deus quis ficar crucificado.
Nem se pode cerrar teu coração bondoso,
a jorrar esplendores
pelas portas das chagas.
Ainda que escondas algumas,
4700 não as podes fechar todas,
e foi por isso que te deram tantas.
A mesma dor que despertou a ira,
ela própria a amansa:

este sangue força ao misericordioso amor.
Enxuga um pouco
as lágrimas destes teus olhos meigos,
contempla o rosto banhado em sangue
do teu Jesus!

4705 Aplaque-te a vista deste sangue derramado:
se fores mansa,
ele, ó certo! Duro não será para comigo.
Não me poupes, porém, aqui na Terra,
poupar-me-á no céu
Jesus, teu Filho.
Despede, contra meu peito, dardos sangrentos.
E teu peito, crivado de mil chagas,
ninguém! Ninguém

4710 mo arranque jamais aqui do coração!
isto te peço, Mãe bondosa,
por estas feridas que em teu Filho fiz
e que fez, em ti, o amor cruel do Filho.
Concede-me também[3]
a mim a morte,
esta morte feroz de chagas e de sangue,
por meu Senhor,
com meu Senhor!

---

[3] É notável o ardente desejo de Anchieta de compartilhar a sorte dos mártires.

ALEGRIA DA MÃE NA RESSURREIÇÃO DO FILHO

O VENCIDO VENCEDOR

4715 Eis que, triunfante, ressurge o devastador do inferno,
rico de despojos e ornado de majestade.
Tu, ó dolorida Mãe,
espanca da tua mente, em turbilhão,
as nuvens de tristeza que te trouxe
a morte esmagadora de teu Filho.
Eis que já vive a tua vida, o teu doce Jesus,
4720 amor de teu coração,
delícia de tua alma!
Volta, em triunfo, do limbo e calca, a seus pés
vitoriosos,
a escamosa fronte do cruel dragão.
Ele à cruz da aliança prendeu a fera morte,
arrastando para os céus a raça humana.
4725 A morte grilhoava,
em suas fundas cavernas, as preias que roubava,
e, sentinela, vigiava as trancas férreas do seu lago.
Enquanto maquinava
o duro martírio do autor da vida
e se inchavam do fel de Satanás os peitos de ímpios,
a morte do vencido a este veneno
tirou a eficácia,
4730 e, à mesma morte, o direito de nos maltratar,
pois injustamente maltratou o Justo!   Cl 2,14
Rasgaram-se os quirógrafos da morte
que grassava, maltratando o mundo:
espedaçaram-se os grilhões do abismo.
Pendente na Cruz,

Jesus suspendeu a serpente no patíbulo,[4]   *Nm 21,9; Jo 3,14*
e, ao morrer,
pronunciou uma sentença contra a morte.

O RESTAURADOR

4735   Na Cruz deixou
seus membros lívidos e esfarrapados,
porém, sua alma penetrou no Limbo,
como um raio de luz.
Ferrolhos arrebatou às portas de aço,
escancarando a entrada ao tenebroso lago.
À luz de sua face, em debandada,
as trevas fogem,
e as sombras do horroroso cárcere
4740   se desfazem de todo.
Pasma o limbo voraz e, sob os pés do vencedor,
vomita os exércitos que aos antros arrastara.
Altivo com os despojos,
ladeado de imensa fila de libertos,
qual um triunfador busca os umbrais
da sepultura.

RESSUSCITA IMORTAL

4745   Revendo, ainda uma vez, os membros deformados
e o corpo exangue,
retoma, num momento, a sua carne
crivada de feridas,
não mais horrível, não mais sujeita a dores,

---

[4] Alusão ao povo de Israel que, castigado com a praga das serpentes, recorreu a Moisés que, por ordem de Deus, levantou uma cruz com uma serpente de bronze: ao olhar para ela, os mordidos eram curados.

CANTO V – PAIXÃO E GLÓRIA DE JESUS E DE MARIA

não mais salpicada de nódoas rubras.
Foi-se o inverno
com a dura saraivada de tormentos,   *Ct 2,11*
foi-se a noite com as tempestades de sangue.
Voltou, com a paz da primavera, o claro dia,
já ressurgiu, e nova luz fulgurou na face.
Não brilha tanto
a estrela da manhã, quando desponta
na fímbria das auroras.
Não resplandece tanto o Sol com o globo em chamas:
perante o seu Senhor, ambos desmaiam.
Da escuridão de um túmulo esta Luz aurora,
e dela tirou seu brilho, o firmamento.
Das chagas de um morto
fez surgir a beleza da imortalidade.
Já os escarros lhe não afeiam o belo rosto,
nem os espinhos lhe sangram a augusta fronte.
Sumiu-se aquela palidez horrível
e o túmido livor,
e as feridas que açoites redobrados duplicaram.
Quanto havia de horrendo, a glória aformoseia,
a glória da imortal vida de Deus.
Mas os testemunhos de seu amor divino,
os traços fundos do cruel martírio,
todos não os destruiu!
Das palmas trespassadas vem jorrando
um facho de raios.
Rubros esplendores,
estão ornando os trespassados pés.
A chaga da lançada
é uma porta refulgente que leva ao santuário
do Coração de Cristo!
Ressurge, agora, o homem que prostrou
a morte e o inferno,
aquele Deus que é teu Filho, ó Virgem!

REGINA COELI

4775 Que fazes tu?
Choras a morte acerba e as cruas chagas
que trazes vivas no coração rasgado?
Deixa de chorar, ó Mãe!
Pois que já vive o teu triunfador Jesus
que acabou com o martírio de tua alma.
Não ouves tu a melodia dos celestes coros
4780 que, à vencedora, canta o hino do triunfo?
Alegra-te, do Céu nobre Rainha,[5]
exulta em tua nova e eterna vitória!
Eis que Deus,
a quem tua pureza maternal
de carne revestiu,
que não rejeitou os umbrais desta morada intacta,
4785 saiu resplandecente
sem quebrar um só selo do sepulcro,
como a seus companheiros predissera.

INFALÍVEL ENCONTRO

Se tal notícia
ainda te não doma a dor completamente
e os tormentos de tão ferina morte,
4790 eis o Filho a entrar-te pela casa adentro,
com os sinais do triunfo e as falanges dos patriarcas.
Mal se encontrou com o teu, o seu olhar,
mal concentrou seus raios
em teu coração,
quem pudera dizer quanto consolo
se apossou de tua alma,

---

[5] Paráfrase ao Hino litúrgico *Regina Coeli*.

CANTO V – PAIXÃO E GLÓRIA DE JESUS E DE MARIA

quanta beleza refletiu teu rosto.

4795 Oh! Como se te desfaz a alma quando sua voz de mel   *Ct 5,6*
calou em teus ouvidos docemente!
Ressuscitou para não mais morrer:
vencendo a morte, a obra terminou do Eterno,
gemidos e suspiros incessantes,
4800 fundos soluços, todos, num volver d'olhos,
sumiram-se velozes.
Quanto, na Mãe, a dor cruel cevou suas iras
ao ser o Filho, da morte preia horrível,
tanto, agora, o gozo te invade a alma,
ao tombar a morte aos pés do Filho.
Primeiro, à Mãe se mostra,
4805 porque à Mãe tão grande compete de direito[6]
este primeiro afeto, esta primeira glória.
És a primeira a contemplá-lo vivo,
porque viva sempre te brilhou, no peito,
a fé que ele premia, agora, com essa honra.
És a primeira
a acolhê-lo triunfante,
4810 porque, de direito, estes primeiros gozos
às dores de teu peito são devidas.

MÃE E FILHO

Tu reconheces em Jesus o Filho,
adoras no fundo d'alma a divindade,
no chão te prostras a abraçar-lhe os pés.
E ele reconhece
o rosto maternal; levanta-te do chão,

---

[6] Anchieta, aqui, segue os mistérios apresentados por Santo Inácio de Loyola nos Exercícios Espirituais. O fundador da Companhia de Jesus convida o orante a contemplar os mistérios da ressurreição de Jesus, e sua primeira aparição é exatamente a sua Mãe. (Exercícios Espirituais, 299)

como a cumprir o seu dever de Filho.

4815 Tu, o teu Senhor veneras,
ele, sua Mãe:
o amor materno e o amor filial
de novo se encontram.
Acolhes os braços
e os quentes ósculos de teu Filho vivo,
e a doce harmonia que de seus lábios jorra.

MUNDO NOVO

Maravilhosos gozos te enleiam os sentidos,
4820 torrentes de alegria te inundam a alma.
Exultas, porque os antros tenebrosos
ao Redentor restituíram as almas dos patriarcas.
Do Filho a morte horrenda destruiu
a tirana morte,
de novo dando a vida e a salvação
aos infelizes réus.
4825 Um mundo novo, de melhor ventura,
já se alevanta,
pois tudo se refez à maravilha.
Quando nos surge à mente
a reparação da justiça onipotente.
Oh! Quanta glória
e quanto esplendor circunda o Filho!
Teu coração com as fibras entesadas
4830 mal pode conter a força da alegria.
É a glória de Deus
aquilo que no mundo mais tens a peito,
ele é do teu prazer a fonte única.

CANTO V – PAIXÃO E GLÓRIA DE JESUS E DE MARIA

A GLÓRIA DE JESUS
É A GLÓRIA DE MARIA

Mãe venturosa, com razão, o belo firmamento
e a Terra imensa
genufletem à tua vista, reverentes.
4835 Calcando a serpente, restaurou teu Filho
as ruínas do Céu,
e, vencendo a morte, reergueu o mundo.
Com o peito a transbordar de inspiração divina,[7]
contara já esta vitória o Rei Profeta.
Sucumbindo em lenho infame, o Rei divino
4840 conquista todo o império do universo:
feliz a infâmia
que concedeu ao Filho tantas alegrias!
Feliz martírio
que concedeu à Mãe tantas alegrias!
Já podes, em paz, fruir o resto de teus dias:
despojada tombou de seu poder a morte.
4845 Como, então, sucumbiu sem gemer um só ai,
qual manso cordeirinho sobre o altar,
tingindo com o inocente sangue a Terra,
assim ressurge, agora, qual leão
a sacudir a grenha
e a aterrar com rugidos temerosos
os antros infernais.
Há pouco, estando preso, como um fraco,
pelo inimigo,
4850 entregara os pulsos aos ferros da prisão.
Agora, qual gigante vencedor,
esmaga, com calcanhar de ferro, a fronte altiva
do infernal tirano!

Gn 39,7; 41,42

---

[7] Do hino litúrgico *Vexilla Regis*.

NOVO JOSÉ

É ele o bom José
a quem a torpe adúltera amarra os castos membros
em tenebroso cárcere.
4855 Solto, agora, por ordem do grande Rei,
coberto de uma túnica de fino linho,
afasta do universo a fome eterna.
Há pouco, um mendigo; adora-o, agora, todo o Egito,
Céu e Terra o aclamam seu Senhor.
Vai ordenar
que se abram a todas as gentes seus celeiros,
4860 se distribuam seus acervos de tesouros.
No aguilhão da fome,
se moverão, em breve, os povos todos:
a fama de seu trigo atrairá o mundo.
Os seus mesmos irmãos que, por inveja,
o mataram, para a míngua não morrerem,
suplicam-lhe humildes alimentos.
4865 Ele, esquecendo o crime,
entre sorrisos, vai distribuindo, à mancheia,
seu sustento.

O MUNDO PASMA

Ao vê-lo, de repente, em tanta glória,
o mundo pasmará
e dobrará a fronte ao seu suave jugo.
Os reis sujeitarão os seus altivos cetros,
4870 e os reinos todos abaterão seu fausto.
Só o rei e Senhor dos triunfos
triunfará eternamente
na claridade e na amplidão dos céus.

CANTO V – PAIXÃO E GLÓRIA DE JESUS E DE MARIA

Já resplandecem os cetros vencedores[8]   *Lc 10,24*
do celestial troféu,
os braços invencíveis da salvadora Cruz.
4875 O leão nascido da estirpe de Judá   *Ap 5,5*
já despontou na mata
desbaratando as hostes do inimigo.
Enquanto a vitoriosa ressurreição do Filho
resplandecer em títulos de glória,
tu, excelsa Mãe, serás cantada,
e, no mesmo esplendor,
4880 se envolverá teu doce nome de Mãe
ao nome de teu Filho.

CONFIANÇA E CONTRIÇÃO DO POETA

Eia, pois, uma vez que em torrentes de mel
te vêm inundar imensas alegrias,
ao fulgor de tua glória,
afasta, piedosa Mãe, das almas perturbadas,
a funda tristeza que geraram tantas culpas.
4885 O vil prazer
padece, com razão, o espinho da tristeza:
a dor é o castigo que a vil prazer se deve.
Mas quem de própria escolha sofre, sem culpa,
o mais cruel castigo,
como ladrão entre ladrões culpados,
lavou no sangue puro a culpa e o castigo
4890 e às almas purificadas conquistou
as altas alegrias.
Com toda a justiça
o mau roja, vencido, aos pés de Satanás

---

[8] Santo Ambrósio, *Comm. in Lucam.*

de quem injustamente se deixou vencer.

Mas já venceu o vencedor da morte

até os crimes de morte,

que geraram os tormentos de agonia eterna.

4895 Com braço invencível,

quebrou as armas todas do tirano,

que, impunes, espalhavam crua morte.

Batalhador invicto, ele arrancou-lhe as forças

e as deu aos réus que salvou para novas guerras:

ei-lo que jaz destroçado; agora teme

4900 os combates do povo fiel em campo aberto.

Não permitais, pois,

que o vencido prenda e acorrente aos que faz vencedores

a vitória de teu Filho.

Ressurge triunfante para não mais morrer,   *Rm 6,9*

morreu uma só vez e lavou para sempre o mundo.

4905 Legou a todos

a esperança da Ressurreição depois da morte,

e vive, agora, para Deus em melhor vida.

Desterrou dos justos o terror da eterna morte,

ensinou-os a dar pela vida verdadeira a vida frágil.

Esta vida sem-fim

4910 que eu não a perca, eu que tantas vezes

paguei, com derrocadas, os tristes juros da morte.

Se me estenderes, ó Mãe, a mão bondosa,

ressurgirei também

e, sem mancha, viverei para teu Filho

e, unindo o meu martírio

ao precioso martírio do Senhor,

gozarei do semblante de Deus vivo!

CANTO V – PAIXÃO E GLÓRIA DE JESUS E DE MARIA

SAUDADE E GOZO DA MÃE NA ASCENSÃO DO FILHO

ÚLTIMO OLHAR

4915 Raia divinamente belo e glorioso o dia
em que se abrem os pórticos do Céu,
levando, qual troféu, a carne humana
aos cumes mais sublimes.
Que sensação, que afetos as entranhas te agitam,
4920 quando, de repente, ele se some ao teu olhar.
A ausência do Filho ergue uma saudade imensa,
rasgando-te no peito ferida que não fecha.
Aquele rosto divino surge a cada instante
ao teu interno olhar,
surge em teu coração aquele brilho amável.
4925 Aqueles olhos que ofuscam o lume das estrelas,
donde o céu sustenta a sua lâmpada;
aqueles lábios
a escorrer o mel que não se estanca;
a língua que soltava
tão doces melodias,
quando a tua mente, enleada em tanta maravilha,
4930 pendia de seus lábios transbordantes.
Oh! Que dor violenta para um coração materno,
ver apartar-se o Filho que era tudo isso,
quem sabe por quanto tempo!
Por um abraço do Filho suspira o teu amor,
anseia por tê-lo sempre ao lado.
4935 Que ímpeto deste caudaloso rio
refrescará com suas águas
o fogo do amor que te consome?
Que rio impetuoso abrandará

essa tua fornalha?
Com que inundações se acalmarão
essas labaredas de amor?

DESPEDIDAS

Cravas os amorosos olhos no Filho
que está para galgar as celestiais alturas.
E arrancando do íntimo peito doces suspiros,
num gemido último,
4940 fixas o rosto belo prestes a sumir-se.
Ele em teu coração destila sua meiga palavra,
que como orvalho te refrigera a face.
Mas quanto mais doce decorre de seus lábios
a torrente que, mansa, inunda-te o coração,
4945 tanto mais as labaredas crescem:
sua voz e sopro para tua chama.

GLORIFICAÇÃO DO CORPO

Mas, afinal, deixas que a glória do Filho
vença a saudade da Mãe,
e ele parte para o céu.
São tais os gozos a transbordar
do seio palpitante,
4950 que tu própria, que os sentes, não podes expressá-los.
Quem do peito paterno
desceu às tuas maternais entranhas
e penetrou, depois, nos antros subterrâneos,
agora, sobe dos abismos da Terra
ao seio de seu Pai,
e te furta, por momentos, seu semblante.
4955 É este, é este homem que encerraste

CANTO V – PAIXÃO E GLÓRIA DE JESUS E DE MARIA

no teu imaculado seio,
que alimentaste de teu sagrado peito.
Sofreu cruel destino e escondeu, como um mendigo,
sob os traços da carne, a força de Deus.
4960 Ele, agora, se eleva,
e a carne, que só tu lhe deste,[9]
abre com nova luz a estrada que fechara
a tenebrosa culpa do primeiro pai,
e, arrancando da insaciável fauce dos infernos
a pobre preia humana,
aos seus anjos uniu esquadrões dos puros.
4965 Restaura, assim, os muros destroçados de Sião,
que a cauda da serpente derrocara.
Erguendo-se sobre os anjos,
não descansa senão à destra de seu Pai,
trono que, de direito, lhe compete.
Aí é que Ele reina, cercado de alta glória,
4970 calcando sob os pés a fronte dos soberbos.
Foi a este espetáculo que o Salmista,
a transbordar de inspiração celeste,
entoou profeticamente estes cantares:

HINO DA COROAÇÃO

"Disse o Senhor a meu Senhor estas palavras,
sentença irrevogável de sua mente eterna:
4975 reina comigo na abóbada celeste,
assenta-te à minha destra,
a mim igual em glória e em claridade,
até curvar, sob o teu cetro,
os inimigos esquadrões vencidos,

---

[9] Anchieta, nesses versos, elabora uma ideia positiva do corpo que raramente percebemos nos autores cristãos de sua época. Para ele, a carne humana, por meio do corpo de Jesus, recebe sua glorificação no Céu.

como se calca aos pés um escabelo.
O bastão de teu poder imperará
do templo de Sião aos confins do universo.
4980 Glorioso chefe,
tu entrarás por entre os inimigos,
e nenhum escapará à tua espada.
De ti hauriram existência as criaturas todas;
a ti me une a mesma divindade.
No dia em que mostrares o céu de teu rosto,
4985 verão os santos
como tudo procedeu desse eterno esplendor.
Do íntimo do peito e de seu seio eterno,
sem princípio Deus te gerou antes da luz.[10]
Jurou o Senhor
e jamais se arrependeu de o ter jurado,
4990 nem pudera arrepender-se de seu verbo.
Por lei eterna, tu serás para sempre Sacerdote,
ao modo de Melquisedec pacífico.
O próprio Senhor te assenta à sua destra;
tu o cetro quebrarás dos reis,
quando o dia grande do furor pedir justiça.
4995 Todas as gentes, com as frontes abatidas,
virão ao tribunal horrendo do juízo.
Erguerás as antigas ruínas do universo
e calcarás ao chão a fronte de muitos.
Sorverás com avidez as águas da torrente,
5000 enquanto palmilhares
a senda estreita desta vida.
Por isso, como Rei e Senhor, levantarás
sobre os cumes do céu
a fronte divinal e majestosa!"
Assim, ó nobre Mãe,

---

[10] Impressiona o fato de que, ainda que Anchieta não tivesse realizado seus estudos teológicos, fosse capaz de compor versos profundamente cristológicos.

CANTO V – PAIXÃO E GLÓRIA DE JESUS E DE MARIA

a inspirada língua do real profeta
cantou, predizendo a obra de teu Filho.

MÃE DOS NEÓFITOS

5005 Ainda que anseies pela vista dele,
com este fogo que o peito te devora
impaciente,
aqui ficas, entretanto,
para aquentar, sob tuas asas plácidas,
os filhos que ainda precisam do teu doce leite.
Eles verão, no rosto da Mãe, o Filho.
5010 Assim, a piedosa multidão dos novos crentes,
logo no limiar da fé,
pousará o olhar em teu rosto de Mãe
e descobrir-te-á, na face, um brilho insólito
e, ao clarão da fé, refulgirá tua obra imensa.
Tu que a Deus geraste para o mundo,
a fim de destruir com seu martírio
os direitos cruéis da morte injusta,
5015 agora, que revive o Filho, tu lhe hás de gerar
novos penhores,
enquanto não virem a Deus teus olhos exilados.
Correrão à verdadeira vida as multidões inteiras, *Gn 3,20*
e tu serás a Mãe bondosa dos viventes.
Assim crescerá no mundo o amor e a bondade,
5020 o respeito de Deus há de crescer,
há de crescer a glória.

VIDA DE ÊXTASE

Mas, para não deixar inteiramente
a presença dulcíssima da Mãe,

o Filho bondoso
a mente lhe arrebata nas alturas,
e ela lhe descansa sobre o peito.
5025 Tu o Filho reténs
e, no sacrário do coração, o escondes,
remanso doce de profunda paz.
Deste modo, ele vai,
mas fica presente no coração da Mãe.
Tu também vais e também ficas com o doce Filho.

ANSEIOS DO EXILADO

Roga ao bom Jesus que me arrebate a mente,
5030 enquanto, aqui, arrasto o peso desta carne.
Que o estreite no segredo de meu coração,
enquanto do trono do céu governa o mundo.
Enquanto o Filho, a este pobre exilado
prorroga o tempo da libertação,
só peço o teu amor, ó Mãe!
5035 Talvez, sobre este indigno, porás os olhos meigos,
assim mais bela fulgirá tua piedade.
Encantando com a luz de tua vida,
a ti me atrairás,
e que feliz eu serei em tua escola!
Feliz, se em lugar do Filho, me concedesses
5040 derramar meu sangue com coração intrépido!

VINDA DO
ESPÍRITO SANTO

À ESPERA DA FLAMA

Já o Senhor escalara as ameias celestes,
altivo, com os troféus do inferno derrotado.
À destra do Pai,
em trono majestoso,
contempla do alto a amplidão da Terra;
5045   pousaram em Jerusalém seus olhos
e se fixaram
no aposento de uma casa de Sião.
Aí contigo, ó Mãe, os irmãos se reuniram
e erguem aos céus continuas preces.
Com a mente afervorada, suspensos das alturas,
5050   esperam os dons grandiosos do Senhor.
Havia já dez dias que o Pontífice supremo,
em vestes de luz, sulcara o firmamento,
quando o Pai onipotente e o seu Filho,
do profundo do Céu,
arrancaram do peito seu divino sopro.

TEMPESTADE DIVINA

5055   Como o Norte se arroja impetuoso
das regiões da névoa
e sacode, em veloz turbilhão, as altas comas,
assim, com seu troar tremendo, o Espírito do Pai
contra as altas muralhas atirou-se.
Encheu, com seu divino sopro, a morada escolhida,
5060   onde brilha, com tua harmonia, aquele coro.

Logo uma chama
cintila em línguas divididas de fulgor intenso,
incendiando em fogo celestial os corações.

ESPÍRITO SANTO

Estuam as mentes,
coleia, pelas fibras íntimas do peito,
esse devastador fogo celeste.
5065 Não cabem no coração a arder as labaredas,
sopradas pelo vento penetrante de Deus.
Arrojam-se pelas portas
e em todas as línguas,
proclamam os feitos estupendos do Senhor.

O RIO EM CHEIA

Quem poderá cantar, ó Virgem,
5070 o rio que te inundou o peito, a graça que te encheu a mente?
Mas, que graça poderia encher o que está cheio,
cheio de divindade e cheio de teus méritos?
Ainda o Criador dos Céus, o Verbo eterno,
em teu peito se não encerrara feito homem,
5075 e já, divino feitor e possuidor de tua mente,
o Espírito de Deus enchera este palácio.
Que dotes não te trouxe,
quando, tomando de teu sangue carne,[11]
ocupou o tálamo de tua virgindade?
Que podes, pois, receber, se és tão cheia?
5080 Como se pode encher
um vaso que está cheio?

---

[11] São Bernardo, Sermo II *De Assumptione.*

CANTO V – PAIXÃO E GLÓRIA DE JESUS E DE MARIA

Mas, se à tua plenitude Deus põe um cúmulo de amor,
é para transbordarem sobre nós seus dons.
Redunde, pois, sobre teus filhos
a graça que a ti sobra, ó Mãe bondosa.
5085 O Espírito de amor, por tua mão,
reparta com mendigos seus tesouros.
É este o auxílio
que te pede o nosso hino:

"VENI, SANCTE SPIRITUS!"

"Baixa, ó Santo Espírito, dos céus, em revoada,[12]
e manda-nos um raio de tua luz divina!
Vem, ó meigo pai dos pobres,
5090 cujo amor dá o nome de filhos a mendigos!
Vem e cumula nosso peito de teus dons celestes,
ó inextinguível luz dos corações
e fogo que os devora!
Sim, vem e reergue, com teu consolo, a alma,
doce orvalho da mente e doce hóspede!
5095 Frescura no cruel calor do Sol ardente,
descanso amigo no trabalho duro!
Vertes consolações no pranto amargo,
dissipas as névoas do coração aflito.
Ó luz que me extasias,
5100 aclara os teus fiéis com teu fulgor,
dissipa as trevas que a mente lhes envolvem!
Sem ti, não há beleza,
não há, sem ti, pureza,
e se há alguma vida, em ti a vive o homem.
Lava-nos a alma das contínuas nódoas,
embebe nossa aridez com tuas chuvas.

---

[12] Versão, em dísticos, do hino *Veni Sancte Spiritus*.

5105 Sara as chagas mortais da nossa mente
e dobra-nos a fronte,
que a soberba pendurou.
Aquece, com teu divino calor, os corações,
que o frio enregelou,
e guia, no bom caminho, a mente extraviada.
Última esperança de teus servos,
5110 Santo Amor, dá-nos os sete dons que nos sustentam!
Dá-nos as virtudes que te agradam,
por fim, o gozo da alegria eterna!"

SÚPLICA FERVOROSA

Enquanto o Espírito Santo
se deixa comover ao som de gemidos,
tu, amorosa Mãe, nossa aflição contempla!
5115 Às tuas preces, a dadivosa mão de Deus
derrame sobre seus servos
os tesouros de seu divino Amor.
O que uma vez nos deu,
ele o conserve sempre:
não esfrie jamais o nosso amor!

CANTO V – PAIXÃO E GLÓRIA DE JESUS E DE MARIA

MORTE DE MARIA SANTÍSSIMA

CONVITE DO CÉU

Mais nítida desponta a aurora no Oriente,
5120 mais bela espalha, hoje, a luz suas comas de ouro
o carro de teu sol,
ó Mãe formosa,
traz este dia sobre mais fulgurantes rodas.
Eis, rasga, com seu fulgor, o limiar dos céus,
que já, por teu meio, abriram-se aos desgraçados.
5125 Ao régio festim, o Filho te convida,
onde há rios de leite,   *Êx 3,8*
onde há rios de mel.
Chama-te à pátria do Céu, aos merecidos reinos,
e acaba o longo exílio desta Terra.
Ele, vencida a morte, escalou primeiro estas alturas
5130 e, vencedor, sustenta aí o cetro de seu Pai.

ÚLTIMOS DIAS

Tu ficaste, boa Mãe, por nossa causa,
desempenhando o doce maternal ofício.
Sustentas com teu néctar
os filhos pequeninos,
enquanto não são capazes de alimentos sólidos.
5135 Enquanto tua vista sustenta os novos povos crentes,
cresce-lhes, nos abrasados corações, a fé.
A multidão dos cristãos acorre com frequência
aos teus umbrais,
atraídos, de longe, por tua doce fama.

BELEZA DE MARIA

Admiram o divino fulgor de tua fronte,
5140 a glória celeste que paira em tua face.
Não acabam de satisfazer o coração e os olhos,
sorvendo tua luz
mais lúcida que o Sol.
A quase divina majestade do teu rosto,
proclama o fruto glorioso do teu ventre.
5145 Se a turba dos fiéis não conhecesse já[13]
o seu Deus e Senhor,
te adoraria como a divindade.
Tal é a força, tal é a dignidade,
tal a glória que teu rosto reflete.
Bendita e felicíssima te chamam,
5150 pois que, à glória de Mãe, uniste a virgindade.
Felizes os que mereceram, nesta vida,
contemplar os teus divinos olhos de rainha,
os que lograram
ouvir uma palavra destes lábios,
a celeste harmonia desta voz materna.
5155 Que afeto, que prazer, quando a multidão imensa
acorre a tuas portas a adorar o Filho.
E, calcando aos pés os horríveis ídolos dos deuses,
cai em redor de ti ajoelhada!
Cresce a glória do Filho,
cresce a tua alegria.
5160 Ele é a fonte de todo o teu prazer.
Enquanto o exílio te retém longe do Céu,

---

[13] Anchieta retoma um pensamento de São Dionísio Areopagita, que, segundo a tradição, dissera, ao ver Nossa Senhora: "Se a fé não me dissesse que ela é uma criatura, eu a adoraria como a uma deusa". Não há nada de estranho nesta imagem. Ela está profundamente relacionada com aquilo que os santos padres chamavam de divinização, ou seja, da plena realização da beleza de Deus impressa no ser humano, criado a sua imagem e semelhança. E esta realidade não é mérito exclusivo de Maria. Ela é simplesmente protótipo da obra de restauração que Deus realizará em toda a humanidade.

CANTO V – PAIXÃO E GLÓRIA DE JESUS E DE MARIA

esse palácio que tu mereceste
e que te aguarda,
por vezes te sentes arrebatada nas alturas,
entre os anjos a descansar e avivar,
com o fogo divino, o fogo de teu peito.
5165 Por vezes és tu que roubas ao Céu
Jesus, o teu amor,
e revolves, no coração, a imagem de teu Filho.

TEMPOS DE OUTRORA

Ora recordas os dourados tempos,
aqueles nove meses que, no seio, o encerraste,
ora o momento venturoso de teu parto
5170 em que saiu sem roçar sequer os teus umbrais.
Pequenino, sugou o néctar de teu peito virginal
e recebeu, nas suas róseas maçãs,
teus meigos ósculos.
Por vezes, segues os passos cansados de teu Filho,
que, nos ombros rotos, leva o pesado lenho.
5175 Voltas com o pensamento
ao sangue que correu da tenra carne,
que o cutelo rasgou no oitavo dia.
Teus olhos verteram rios de lágrimas,
quando o teu Filhinho,
dos lábios a tremer, soltou os seus vagidos.
Acodem-te, à mente, os benefícios
5180 que repartiu por toda parte aos miseráveis,
benefícios que aguçaram aos invejosos.
Eis que ele abraça a Cruz, tingida no seu sangue,
donde a morrer pendeu um homem que era Deus.
Neste lenho tombou, cansada, a força,
extinta a vida e a salvação;
mas nele tombou também, vencida, a morte.

5185 Recordas o sepulcro:
como te abraçaste ao sagrado cadáver,
como tua alma se desfez em lágrimas!

RECRESCE A SAUDADE

A saudade de Jesus te força a meditar,
a buscar refrigério ao fogo que te abrasa.
Mas as ondas de tua alma recrescem mais ainda
5190 e o amor quanto mais o refrescas, mais se acende.
Ainda tens nos olhos
a imagem do Filho que te roubou a alma,
ao subir para os céus.
Ela só anseia revê-lo, só anseia abraçá-lo,
pois a nada sabe amar senão a Deus.
5195 Envia, atrás do Filho, incessantes suspiros,
como os que arranca o amor
do íntimo do peito.

DESEJOS DO CÉU

Como o cervo
com as veias trespassadas pela flecha,
corre, ofegante, às águas do riacho,
assim, Deus meu,   *Sl 42,2*
5200 pelas torrentes da eternidade, suspira a minha alma
que o amor feriu, sem dó nem compaixão.
Quando virá o dia
em que, livre do peso e vínculos da carne,
meu espírito subirá à presença de seu Deus!   *Sl 42,4*
De dia, marejam-se de lágrimas meus olhos:
de lágrimas marejam-se, de noite:
eles são meu sustento a cada instante:

CANTO V – PAIXÃO E GLÓRIA DE JESUS E DE MARIA

5205 enquanto incessantemente a minha alma
procura o amado e clama entre suspiros:
"Onde está o meu Deus, a luz de minha vida?"
Ah! Quanto tempo há já
que me esconde o Filho seu formoso semblante,
e quão longe fugiu do olhar materno!
Enquanto, entre soluços insistentes,
5210 estes fatos medito em meu exílio,
o peito me desmaia sob o peso do amor.

A MÃE E O FILHO

Vem, ó meu Filho!
Suspira por ti tua Mãe e te suplica,   *Ct 7,12*
saiamos, já, às celestiais campinas.
Desejo passear contigo pelo jardim dos astros,
demorar-me eternamente em teus eternos paços.
5215 Tu és a sede de meu peito,
a fome de minha alma;
deseja o meu olhar fruir em ti sem peias.
Ergue-te, pois, vem curar tua querida Mãe:
trago no peito uma chaga de apaixonado amor.
Não vivo sem ti.
Sem ti não descanso, ó Filho!
5220 Vem, ó vida, ó descanso de tua Mãe,
mostra-me teu rosto,
levanta o véu de teus divinos olhos
ao meu sequioso olhar!

VEM, MINHA AMADA

Enquanto bloqueias o Céu com teus suspiros,
a fim de que desponte do desterro

a hora última,

5225 a ternura e o amor sitia o Filho amante:

deixa-se comover

e, vencido pelo amor materno, acode.

Estanca, ó Mãe, os teus ternos gemidos,

enxuga tantas lágrimas que correm.

E sejam as últimas bagas que te deslizam

pelas róseas faces.

Eis que Jesus, fogo e fonte do teu amor,

5230 causa e termo de teu pranto,

eis que a ti vem.

Cercado de esquadrões celestes, entra-te pelas portas

e assim te diz com doce harmonia:[14]

"Aqui está quem chamas com tão longos queixumes,

teu Deus e a doce vida de tua vida.

5235 Pomba celeste, com tuas asas leves,   *Ct 11,10*

quebra à vida os laços,

do Pai, ó Filha amável; do Filho, Mãe querida, ó vem!

Feliz repousa, enfim, sobre meu peito:

é o lugar que mereceu o teu peito.

O triste inverno foi-se, e a primavera

5240 voltou florida de purpúreas rosas.

Surgiu, enfim, depois da noite,

a luz que dura

o dia glorioso da eternidade.

Quebra os laços e vem sorver, ó Mãe,

os gozos de teu Filho:

vem descansar, ó Filha, no seio de teu Pai!"

---

[14] O Filho ressuscitado, seguindo a inspiração do amado do Cântico dos Cânticos, abre seus lábios para acolher sua mãe e a convida para participar da alegria sem-fim dos bem-aventurados.

CANTO V – PAIXÃO E GLÓRIA DE JESUS E DE MARIA

EIS QUE JÁ VOU!

5245
Quem pode compreender, ó Virgem, quanta glória,
quanta luz te inundou a alma,
contemplando e ouvindo o teu doce Jesus!
"Eis que já vou"
respondes tu num hino de doçura,
e tua alma, liberta dos grilhões da carne,
atira-se para Deus!
E, nos braços do Filho, repousa adormecida,
5250
enquanto doce sono lhe invade os membros puros.
Vencedora da morte, ó Mãe, tu morres para a vida,
forçada pela humana condição da morte.
Mas toda a dor, toda a agonia foi supressa,
como outrora o foi no parto.

FLORES DO SEPULCRO

5255
Em sepulcro de branco mármore,
teu corpo virginal se colocou:
lage cor de neve cobriu teus castos membros.
Multidão veneranda de discípulos acompanha
o santo cadáver, e, às exéquias, com amor, assiste.
Em lugar de lágrimas, flores derrama,
5260
hinos em lugar de prantos,
e, entre alegrias, jorra esta melodia:
"Salve, santa Mãe de Deus,
rainha que triunfas nas alturas,
maravilha da mente sempiterna!
Antes que fosse o Sol, tirou-te do seio o Pai,
de seu coração, o Verbo.
5265
Em teu regaço intacto, trouxeste o Sol divino,
enquanto a noite em meio corria silenciosa.
Palácio da luz, arca da divina aliança,

Js 3,11

que escondes, no seio, os miseráveis, Ave!
Tu és o pedestal de ouro que sustenta o Templo,   *Ct 5,15*
a coluna firme e a trave de carvalho
da celestial morada.
A alma, que se apoia em tuas forças,
derrota o inimigo e não arreda um passo.
Ave, Filha que geras teu próprio Pai
no seio imaculado,
beleza luminosa de virginal pureza!
Ninguém te persuadiu a preferir, ó Virgem,
a glória virginal aos gozos desta Terra.
Mas és tu mesma a mestra e guia desta vida,
e o homem e a mulher seguem-te os passos fulgurantes.
Ave, porta do Céu fechada,
aberta ao Rei somente,
só tu nos abres os umbrais celestes!   *Ez 44,2; 46,2*
Miseráveis, tu nos proteges do cruel inferno;
torna-se salvo o que era dantes réu.
Exultamos com a subida honra de filhos de Deus:
este dom, esta glória, no-los dá tua vida.
Ave, chama brilhante das alturas,
que ofuscas o esplendor do próprio sol,
que dissipas do coração
as nuvens da tristeza!
Tanto tua glória vence todo o brilho
dos anjos e do universo juntamente,
quanto o Sol o das estrelas".
Ornem, embora, o túmulo da Mãe
com maiores louvores,
ficam todos inferiores a teus méritos.

VENCEDORA DA MORTE

Mas em tão estreita gruta há de ficar teu corpo?
Caber este palácio na furna de uma pedra?
Ergue-te, templo de Deus,
morada mais extensa que o universo,
céu que não pode caber em um sepulcro!
5295 Não podem vermes sujos roer o casto seio
que ao Criador gerou!
Não pode desfazer-se, em pobre cinza,
o corpo modelo de pureza e formosura.
O vencedor que, após a morte,
calcou aos pés o inferno,
5300 despedaçando com a vida os direitos da morte,
ergue-te do túmulo como um raio de luz
e, no regaço, leva-te sobre os astros.
Que eu te siga,
formosa pomba, ruflando as leves penas,
enquanto te engolfas pelo Céu adentro.
5305 Oxalá minha alma a ti somente sirva
e meu amor a ti me prenda,
eternamente!

EXALTAÇÃO DA GLORIOSA VIRGEM MARIA

HOMENAGEM DOS ANJOS

Já sobre os cumes radiosos do firmamento,
te vês arrebatada, ó Virgem Mãe de Deus!
Já sobes acima dos tronos angélicos
5310   e tomas posse do principal sólio da glória.
Brilham-te aos pés os astros,
abrem-se os céus imensos,
os esquadrões dos anjos te admiram nas alturas.
Rendem-te o tributo da merecida glória
e entoam, com voz possante, estes cantares:
5315   "Salve, Virgem, Mãe do nosso Deus digníssima,
ó Rainha, ó gloria principal de nosso coro!
O que abarca na palma o vasto mundo,
encerrou-se, ó bendita, em teu seio.
Completou, com sua morte, nossos tronos
5320   e restaurou as ruínas do dragão.   *Ap 12,4*
Salvou e estreitou ao peito a humana raça,
que o inferno afundara em suas trevas.
Salve, ó Mãe castíssima
do nosso Deus Jesus,
ó glória, ó esplendor, ó delícia do Céu!"
Enquanto ressoam estas doces melodias,
5325   tu sobes mais e mais.
O coro das virtudes
se prostra ao ver passar sua Senhora,
e as Potestades te abrem larga estrada.
Como o tálamo e trono santo do Pai Eterno,
5330   os Tronos te exaltam, louvam e glorificam.
Àquela que a Sabedoria eterna escolheu

CANTO V – PAIXÃO E GLÓRIA DE JESUS E DE MARIA

para morada,
os Querubins cumulam de inúmeros louvores.
Pasmam os Serafins do amor incrível,
em que estua a fornalha de teu peito.

5335 Teu seio se desfaz ao seu calor,
como a cera que se encosta a uma chama.
A nívea pureza de.teu corpo e a alma a transbordar
de todas as virtudes,
fizeram-te rainha das alturas,

5340 a quem dobra os joelhos a multidão celeste.

SOBRE TODOS OS SANTOS

Os profetas, que com tanta verdade, proclamaram,
que a Deus um dia havias de encerrar no seio,
exaltam tua glória de Rainha,
e, ao lado de teu Filho,
te cantam eternamente.

5345 A multidão gloriosa
dos Chefes, Reis e antigos Patriarcas,
donde tem origem tua real família,
te exalta respeitosa, pela excelsa glória
de teres, como Mãe, gerado a teu Senhor.

HOMENAGEM DOS SANTOS DO NOVO TESTAMENTO

O coro dos Apóstolos
5350 entoa um hino à tua formosura.
Os que lavaram as vestes no sangue do Cordeiro,   *Ap 7,14*
com as frontes cingidas de vermelhas rosas,
virão alegremente
arrojar-se aos teus pés.

5355 Com teus auxílios lograram estes triunfos,
venceram cruas lutas, com o teu auxílio!
A turba dos Sacerdotes e dos Confessores,
sorrindo à tua luz, te exalta com amor.
Os esquadrões das Virgens seus júbilos traduzem
5360 em hinos do mais espontâneo gozo.
Em formosa harmonia,
te estendem as suas vencedoras palmas,
e, com elas, juncam os pés de sua Rainha alegremente.

NO REINO

Tu, Filha formosíssima do Rei,   *Sl 45,5*
de aspecto deslumbrante
caminhas em triunfo pelos céus,
5365 como a tomar posse de teus reinos de doçura
e a receber, na tua mão poderosa,
seus cetros sempiternos.
Tanto mais te elevas sobre os coros angélicos,[15]   *Hb 1,4*
quanto mais alta que a deles é a tua dignidade.
Eles cumprem as ordens de Deus como ministros;
5370 tu te chamas e és, de fato, a Mãe de Deus.

JUNTO AO TRONO DE DEUS

Seguem-te, ó Imaculada, Virgens inúmeras,   *Cl 3,11; Ap 7,15;*
                                                          Sl 45,10ss

que vão levar seus corações intatos
ao trono do Príncipe celeste.
Teu Filho, ó Virgem, a si uniu-as como esposas,
com o eterno anel do amor divino.

---

[15] Essa imagem paulina, referente a Nosso Senhor Jesus, é utilizada por Anchieta aplicando-a a Nossa Senhora, seguindo a tradição patrística.

CANTO V – PAIXÃO E GLÓRIA DE JESUS E DE MARIA

5375 Mas, tu, à frente de todas,
num doce êxtase de felicidades,
és arrebatada para a recompensa
ao trono da Trindade.
O Pai onipotente estreita ao colo a Filha,
engolfando-a no mar de sua luz.
Dos dons celestes tu recebestes mais que todos juntos:
5380 não há quem medir possa a tua glória.
Ainda que menor,
ela é comum ao Pai:
teu Filho é o mesmo Filho do Pai celeste,[16]
e o Filho deste é o teu próprio Filho.
5385 O Filho ornou sua Mãe de excelsa dignidade
e quer teu trono de glória ao pé do seu.
Quer contemplar-te no fausto de Rainha,
com a glória de Virgem
e esplendor de Mãe.

Ele, como Sol, domina o universo,   *Ap 21,23*
5390 cingido com os raios da justiça.
Tu, como Lua, com a face toda iluminada,
brilhas em trono altíssimo nos céus.
Assim cantou divinamente a tua glória,
muitos séculos antes, o Real profeta:
5395 "Serás, no céu, eternamente,   *Sl 89,38*
a testemunha fiel de ter o Verbo
tomado carne no teu seio,
para com a carne
arrebatar a carne à morte eterna,[17]
e para, verdadeiro homem, dar os Céus ao homem,
fazendo-te, dentre as criaturas, a primeira,
5400 e dando-te, com a sua Mãe, todo o poder.
O Espírito Santo

---

[16] São Bernardo, *Super Missus, Com. III e IV.*
[17] Do hino litúrgico da Natividade: *Ut carne carne liberans...*

te incendiou de amor,
escolhendo-te para esposa sua Imaculada,
estreita-te mais fortemente do que às outras,
enquanto te delicias no olhar de Deus.
5405 Cercada pelos frutos belos da macieira, *Ct 2,5*
juncada de purpúreas rosas, enlangueces de amor.
São virtudes as flores que te bordam o manto,
são prerrogativas os raios que despedes.

RAINHA DO UNIVERSO

É eterno o triunfo que desfrutas,
ó Rainha dos céus,
5410 eterna a coroa que te adorna a fronte,
a Terra, o mar, o palácio do céu
estão ao teu dispor,
atento o universo ao teu menor aceno. *Ap 12,1*
O Sol é teu vestido rutilante,
a Lua, o tapete de teus pés.
5415 Doze estrelas adornam, com seus raios,
os teus cabelos:
só uma coroa, assim, é digna de tua fronte.
Depois de superares
com tua excelsa dignidade os santos,
depois de venceres em pureza aos anjos,
descansas dos trabalhos na cidade santa *Eclo 24,15*
5420 e na glória da tua santidade,
governas todo o palácio do Céu.
A destra divina te escolheu, sublime árvore,
para lançar fundas raízes entre o povo eleito.
Eterno é teu poder,
imensa a tua paz:
à sua luz refulgem os muros de·Sião.
5425 Como cedro do Líbano nos montes perfumosos,

CANTO V – PAIXÃO E GLÓRIA DE JESUS E DE MARIA

estende a fronte altiva até as nuvens,
assim tua pureza,
nas nuvens celestiais esparge o teu perfume
aos quatro ventos.
Como se ergue esbelto o cipreste
no cume de Sião,
5430 assim, a celeste Sião te admira nas alturas.
Contemplando o abismo insondável da Trindade,
melhor refletes o fulgor de Deus.
Como o luzeiro que desponta após a noite,
assim teu esplendor brilha na claridade.
5435 Espalhas os teus raios pelo céu,
e o firmamento rutila mais formoso
ao fogo de tua lâmpada.
Guias, pelo vasto templo, o coro das Virgens,
trescalando o perfume das rosas de Jericó.
Como o açafrão, o nardo, o bálsamo e o incenso,
5440 aromatizam o ar em fumaradas,
assim os teus perfumes, ao fogo divino se evolam
e vão enchendo as estradas do Céu.
Teus vestidos destilam o aroma da mirra
que impede a corrupção
de nossas almas.
5445 De teu rosto deriva todo o precioso perfume
que extasia o Céu.
Como fulge o verde gracioso da oliveira,
a estender os carregados ramos
sobre os campos,
e faz jorrar o licor substancioso
que sara, ao seu contato,
5450 os membros que enlanguecem,
assim tu, planta formosa dos celestes campos,
estendes tuas ramas de verdor eterno,
e destilas o copioso óleo do materno amor,
que cura os corações feridos pela morte.

5455 Com delicado unguento, unges as malcheirosas chagas
e, com mão de enfermeira, cura as feridas.
É com razão
que todos te suplicam salvação:
de fato, foste sempre salvação de todos.
É com razão que, entre gemidos, te ofertamos
as nossas lágrimas:
5460 tu a todos levas teu materno auxílio.

ADVOGADA NOSSA

Destila-nos, bondosa Mãe, o teu celeste orvalho; *Sl 2,3; Eclo 24,19*
com tuas chuvas
fecunda a esterilidade nossa.
Plantada bem ao lado das torrentes
da vida sempiterna,
tu 'reverdeces perpetuamente ao seu frescor:
5465 como o plátano junto ao curso das águas,
veste-te de densa e luxuriante coma.
Cheia de bondade, pedem-te o perdão das culpas
e tu alivias de seu peso os pecadores.
Tua clemência mitiga a ira divina
5470 e esconde, sob as asas, *Sl 91,4*
os infelizes réus.
Dos olhos abatidos as lágrimas enxugas,
derramando consolo a duros males.
Tu ao Céu nos diriges pela senda reta
e nos afastas do caminho errado.
5475 Quem seus passos pautou pelas tuas pegadas
e, corajoso, abraçou teu nobre exemplo,
calcará aos pés, para sempre, o inimigo,
levará em triunfo
a palma da vitória,
conquistando o verdadeiro tesouro da paz.

CANTO V – PAIXÃO E GLÓRIA DE JESUS E DE MARIA

VENCEDORA DO INFERNO

Nos abismos de fogo, a raiva de satã,

5480 mau grado seu, jaz por terra, sem forças.

Outrora, o invasor injusto das almas dos mortais

reinava imperioso sobre todos os mares

e, revolvendo o escuro dorso em espirais variadas,

subjugava os corações aos vícios do inferno.

5485 Tu vences o malvado cavaleiro   *Êx 15,19*

e seus cavalos,

e os arrojas, em raivosa fuga, para o inferno.

Com o níveo calcanhar

esmagas a fronte do dragão falaz,

livrando do pecado os corações humanos.

A fera que rondava toda a Terra,

5490 rugindo horrendamente a teus pés, contorce-se.

Já não despedaçará com as sangrentas queixadas

nem deglutirá,

no vasto ventre, o mísero rebanho.

Tu, Virgem robusta,

encouraçada na força de teu Filho,

lanças-te à guerra santa para amparar os fortes,

5495 e, arrebatando a preia, quebras à fera os dentes,   *1Rs 17,34; Sl 58,7*

e as fauces sangrentas lhe sufocas.

Batalhadora ilustre, ergues a palma da vitória

e, em triunfo, descerras os pórticos do Céu.

E, para que mais fácil se torne ainda a entrada,

5500 abres a teus servos as portas de tua alma.   *Gn 6,16*

O Vencedor prostrou, com sua morte,   *1Cor 15,25; Hb 2,14*

a morte que prostrava tudo,

e quebrou-lhe as prisões abarrotadas.

Concede-se o domínio sobre o palácio altíssimo dos Céus,

 a imensidade da terra

e a vastidão do mar,

5505 e sujeita, a teus pés vitoriosos,

a caterva infernal e a fronte altiva da morte.

ALEGRIA DA TERRA

Ó dita venturosa, em que se abraça
a vida de teu corpo venturoso
e a graça infinita de teu espírito!
Ó venturoso dia em que o Rei da Glória,
Cristo Jesus,
5510   colocou-te à sua destra, nos páramos celestes!
De teus louvores ressoa a amplidão,
cantando, a uma voz, uma canção de mel.
A terra, à tua glória, exulta de alegria,
e canta, como pode, teus louvores.
5515   Também nós, servos teus,
com os lábios e com a alma te proclamamos
rainha das alturas;
exultamos porque tu foste à frente, Mãe bondosa,
para advogar os nossos interesses.
Quanto recebeste em tua glorificação,
5520   quantos dons te derramou, no peito, a mão divina,
reparte-os por nós;
jamais te faltarão tesouros que repartas
com estes teus filhos.
Exultamos, piedosa Mãe, porque por ti
se poderão saldar os nossos torpes crimes,
5525   hão de ser expungidos por teus méritos.
Exultamos, porque não terá fim
a glória que tua virtude conquistou primeiro.
Seguras entre as mãos a mão do Filho,
descansando no seu peito
5530   a tua fronte,
enquanto sua voz recreia teus ouvidos.
Maravilhosa alegria te comove:
ninguém pode medir de teu amor os surtos.
Quanto mais ao Criador agrada tua formosura,

quanto mais tu amas este teu artista,
mais te admiramos, mais te veneramos,
mais te amamos, ó Virgem,
e por ti desejamos agradar a Deus.
De coração exaltamos ao Pai celeste
e, em novos cantos, os lábios desatamos,
porque tão bela e tão santa te plasmou,
que não tiveste, nem terás concorrente.

FILHA, MÃE, ESPOSA

Pede, portanto, ao Pai, estremecida Filha,
pois quanto quiser a Filha,
tanto fará o Pai!
Pede, portanto, ao Filho, ó Mãe bondosa;
pois quanto quiser a Mãe,
tanto fará o Filho!
Pede, portanto, ao Esposo, ó Virgem formosíssima,
pois quanto quiser a Esposa,
tanto fará o Esposo!
Pede o que quiseres, tudo alcançarás:
ele não sabe negar nada àquela que o acolheu
em seu seio e em seus braços.
O Pai tudo entregou ao Filho, o Filho à Mãe,
para tudo distribuir, com sua mão virginal,
aos miseráveis.
Enche-nos o peito com os sete dons,
com que o Espírito nos alimenta as almas.
Ergue do pó da terra as mentes abatidas,
para que só aspirem às alegrias da verdadeira pátria.
Que pela face divina ardam de desejo
os nossos olhos:
sua visão é paz e segurança eterna.
Que a nossa fé reconheça a augusta Trindade

e nela reconheça
e ame, eternamente, um Deus.
Ó aurora celeste, luzeiro do firmamento,
estrela mais fúlgida que o Sol ao meio-dia!
Mostra-nos tua formosura, ó Virgem, *Ct 2,14*
teu semblante divino, ó Imaculada!
Mostra-nos aqueles olhos de alegre virgindade,
cuja luz ilumina o palácio dos Céus.
Brilhe-nos a luz casta de teus olhos,
para que, de agora em diante, tua visão somente
nos delicie a vista.
Abre teus lábios!
Que tua voz ecoe em ecos de doçura
pelos ouvidos e pela alma adentro.
Encrava-te com o Filho em nossas mentes,
para jamais podermos esquecer teu rosto.
E assim, com casto amor, te veneremos,
poderosa Rainha,
e, com reverência, te amemos, Mãe piedosa.
E, assim escale nossa alma as ameias celestes,
depois de alijar o fardo desta carne.
Aó teu exemplo,
em tua companhia,
gozemos do Senhor eternamente,
da Trindade que cremos um só Deus!
Aí, seremos os convivas do festim divino, *Lc 22,30*
e nossa voz cantará docemente estes louvores:
"Santo, Santo, Santo, eternamente cantemos *Ap 4,8*
ao Pai, ao Filho, e ao Espírito Divino.
Por séculos sem-fim cantemos teus louvores,
ó nobre Mãe de Deus
e seu palácio nobre".

ÚLTIMO COLÓQUIO
À VIRGEM GLORIOSA

O EXILADO

Como ainda ressonas, ó minha alma,
sepultada em sono entorpecente,
tão estirada sobre o pó da terra
5585 Ergue-te, vamos,
sacode o teu torpor,
penetra no santuário das alturas
e contempla, de perto, esta rainha!
Derrama, junto com preces, as tuas lágrimas
e, venerando a glória desta Mãe,
assenta-te a seus pés!

QUEIXAS DA SAUDADE

Oh! Como para o céu partiste, ó Mãe, sem mim?
5590 Como na Terra me deixaste, ó Virgem Santa?[18]
Não pude nem sequer fixar teus olhos
que ofuscam o lume das estrelas,
em que brilha a luz do casto amor.
Não pude ouvir uma palavra de teus lábios,
este favo de que está jorrando a graça,
mais doce do que o mel.
5595 Infeliz, não me foi dado acolher
o derradeiro adeus de minha Mãe,

---

[18] Na festa da Assunção de 1564, Anchieta já estava se preparando para deixar Iperoig: não morreria, pois, não iria ainda assistir, no céu, à glorificação de șua Mãe. Ele se lamenta. Porém, mais tarde, em 9 de junho de 1597, irá realizar seu desejo, ao falecer em seu humilde quarto, junto à igreja edificada por ele mesmo e dedicada a Nossa Senhora da Assunção, em Reritiba, atual Anchieta, ES.

ao desferir o voo para o alto.
A Deus ressurgiria extasiada a minha alma, *Ct 4,11*
se ouvisse esta palavra!
Que dita a minha vida e que certeza o Céu!
5600 Ai de mim! Porque não pude entrar
os sagrados umbrais de tua casa,
que os anjos tão bem conhecem!
Ousaria, com os olhos baixos, prostrar-me ao teu conspecto
e, se mo permitisses, abraçar teus pés.
Neles imprimira ósculos inúmeros,
expondo, à minha Mãe, os votos de minha alma.
5605 Se muda na garganta a língua se calasse,
ao menor sinal meu,
o teu olhar me penetraria a alma.
Certo, não te pesaria ouvir o pobrezinho,
acolhendo-lhe as preces e os íntimos desejos!
Os olhos de misericórdia porias neste indigno,
5610 e tua mão bondosa
me daria muito mais do que pedira.
Abandonado órfão, agora, dos queridos Pais,
quero, nesta vida, o meu auxílio,
caminho, chorando o meu Jesus ausente;
caminho, chorando a doce Mãe que ao Céu voou.
5615 Ele voou como corcel veloz *Ct 2,17*
para os cumes deliciosos de Betel,
e, em seu palácio, reina cercado de poder,
e, Rei do mundo,
exerce com seu Pai o mesmo império.
E tu foste pousar, pomba formosa,
na colina do incenso,
5620 e deixaste-me só, neste vale de lágrimas. *Ct 4,6*
Aí, tranquilamente gozas as doçuras do Filho,
engolfada num mar de bens sem conta.
Sorvem teus olhos a beleza divina da paz
e, cercada de luz,
tu repousas no meio-dia eterno.

CANTO V – PAIXÃO E GLÓRIA DE JESUS E DE MARIA

QUEIXA E TEMOR

5625 Por onde te seguirei?
Por onde te buscarei, ó Virgem formosíssima?
Sem ti não há gozo que baste à minha alma.
Talvez, dormes em divino sono absorta
e já nem pensas em ti, já nem pensas em mim?
A dor que aguilhoa, de braços com o amor,
5630 obriga-me a te ferir com gritos os ouvidos.
Mas o meu temor e a voz de teu amado,
vedam cortar-te o gozo de tão meigo sono:
"Ninguém, exclama,   *Ct 8,4*
desperte minha amada!
Deixe-a que desperte por si mesma!"
5635 Ó amada de Deus, como te não quero molestar,
dize-me, quando despertarás, já satisfeita?
Oh! Mas por que duvido?
Pois não sei eu se tu queres ser chamada
sempre que a dor me afoga o coração?
Ergue-te, pois, depressa!
5640 Porque meus crimes me atormentam de mil modos.
De noite e de dia.
Ergue-te! Por que dormes, tormento de meus tormentos,   *Sl 44,24*
fortaleza segura, refúgio de minha alma?
Por que afastas o rosto, Virgem bondosa,
e não queres ver esta minha miséria,
esta minha pobreza e minha indigência?

UM OLHAR DE MÃE

5645 Ergue-te, Mãe de Deus!
Volta a carinhosa face,
que meu cansado olhar se encontre com o teu!
Mas, que digo? Eis que me ouves… mas, ai!

A língua cola-se à garganta, a mente pasma,
o peito gela, os lábios emudecem.
Não sei o que pedir, mas tudo peço, ó Mãe,
5650 sim, ó Mãe, minha esperança,
vida, amor e glória!
Peço-te que me dês teu Filho e, com ele, tudo,[19]
pois ele, do meu coração, é Deus, Senhor e Rei.
Esta alma enferma só Jesus deseja,
ele sozinho para mim é tudo!
5655 Seja minha luz, descanso, gozo, glória e força:
seja o amor de minha alma, como é o seu amante.
Depois de duro exílio desta Terra,[20]
mostra-me este Jesus
que encerras bem no centro de teu coração;
depois do duro exílio desta Terra,
5660 a ti também desejo contemplar-te
com o teu Filho. *Sl 120,5*

À VISTA DO CÉU

Ai de mim! Como se alongam os anos desta vida!
Como demora, interminavelmente, este penar!
Quando virá o dia de restituir à terra,
donde foi tirado,
o miserável fardo desta carne?
5665 Oh! Quando poderá, liberta, a alma
desferir o voo lá para as alturas
e gozar do eterno abraço de seu Deus?
Quando, ó Rainha do Céu, verei a tua glória,

---

[19] O Poema de Anchieta é cristocêntrico, tem por único objetivo alcançar o Filho de Maria, ser arrastado para perto dele. Esse é o grande anseio a ser buscado nos Exercícios Espirituais e a graça a ser alcançada por meio da espiritualidade inaciana: que Maria nos coloque com seu Filho!

[20] Trecho inspirado na oração da Salve-Rainha.

ó casto amor da alma apaixonada?

RESIGNAÇÃO E ESPERANÇA

Mas como Deus,
teu Filho me quer aqui na Terra ainda,
e sua vontade é também a minha vida,
5670 enquanto, aqui, me fico,
terei no Céu o olhar, preso nos olhos belos
de minha Senhora.
Entre gemidos consolarei, com a esperança,
o meu amor ardente,
deixando que a saudade me atormente o peito.
5675 Se eu me esquecer de ti, ó Mãe Santíssima,   *Sl 137,5-6*
se eu sempre te não amar com toda a minha alma,
se não fores tu a única doçura minha,
a língua se me seque para sempre na garganta,
e, como esquecida de si,
5680 se me enregele a destra!
A ti eu me entrego, protege-me qual servo.
Que ninguém me possa arrancar de tua mão,
tu és meu capacete,
muralha, porta, trincheira e torre,
tu és a atenta sentinela de meu peito.
5685 Entretanto, dá-me o meu Jesus, o meu gozo, quanto antes,
não me faças arder com tanta espera.
Mostra-me teu rosto e o de teu Filho:
somente esta visão me extinguirá a fome.
Se não me é dado,
como desejara,
5690 contemplar em vida a vossa face,
mas sou forçado a morrer antes de vê-la,
que eu morra já, para ter uma tal dita:
já não quero viver.
Só quero a morte:
que a verdadeira vida é ver a Deus!

PAIXÃO DO MARTÍRIO

Eu te conjuro, ó Mãe,
pelo amor recíproco do Filho,
que é a maior doçura de teu ser:
ordenes, pois tudo podes,
e não é em vão que teu Filho é o próprio Deus,
5695 ordenes que eu feche minha vida,
derramando o sangue pelo nome santo
do Senhor Jesus.
Como ele me remiu com morte horrenda,
5700 vertendo o seu sangue em largos rios,
sofrendo também eu cruel martírio,
reconheça-me por servo e me aperte ao seu peito,
eternamente.
Mansíssimo Cordeiro,
mais que a si próprio amou-me, para, sem mancha,
oferecer-me ao Pai.

"CUPIO DISSOLVI"

5705 Ele o modo e o tempo de minha morte sabe,
nem eu quero senão o que Ele quer.
Porém, porque ele quer e faz o que tu queres,
peço-te que tu queiras a fim de que ele queira.
Tu que, sem nódoa alguma, foste concebida,[21]
5710 faze que, no dia de hoje, se encerre o meu destino.
Ou, se mais te aprouver, no dia em que no Céu,
à sua destra,
teu Filho te entregar nas mãos seu cetro.

---

[21] O Pe. Armando Cardoso se pergunta se nesses versos haveria uma alusão ao dia da Natividade de Nossa Senhora (8 de setembro), em que Anchieta teria terminado esse aditamento ao Poema, ou, ao dia da Exaltação da Santa Cruz (14 de setembro), em que ele partiria de Iperoig.

CANTO V – PAIXÃO E GLÓRIA DE JESUS E DE MARIA

Então, feliz serei: serei eternamente venturoso;
então, gozos sublimes me encherão a alma.
5715 Esta bela esperança,
a jorrar do Coração do Filho,
desterrará o meu temor covarde,
esta doce esperança
a fluir do seio maternal
restaurará meu peito acabrunhado.
Ainda que ela vergue para a terra,
ao contemplar minha alma, ao contemplar meus crimes,
5720 ergue-se altiva até os Céus, se a ti me volto.
Ela, ó Mãe, lançará raízes em meu peito
e não morrerá, jamais, em minha alma,
até que a esperança ceda o posto
à presença de Jesus
e ao teu olhar,
que terão gozo sempiterno.
5725 Venturosos os que já afaga e alegra
a vista de teu rosto eternamente,
libertos de cuidados e temores,
contemplam, seguros, a Senhora que amaram nesta vida.
O torvelinho deste mundo vário
5730 alvorota, ainda, o nosso barco,
que a custo de remos, mal vence a corrente.
Minha alma agitada, em meio, tem sede de ti,
torrente abundante
de prazer eterno!
Feliz o dia em que me saciará,
como em rio transbordante,
a Mãe e o Filho com seu amor!

PIEDOSAS PETIÇÕES À VIRGEM MARIA PELAS LETRAS DO ALFABETO

5735 **A** *Altar* vivo de Deus, arca da divina aliança,
esconde, no teu seio, este mendigo!

B *Base* de ouro, que escoras o adorável templo,
sustenta, com tua força, o nosso peito!

C *Cerva*, que amamentas um penhor de esperanças,
5740 fortifica minha alma com teu néctar!

D *Devesa* verde em fogo,
jardim, prazer de Deus,
sê meu calor, descanso e alegria!

E *Efígie*, que retratas a divina beleza,
viva eternamente em mim a sua imagem!

5745 **F** *Fogo* do Céu, que ofuscas o esplendor do Sol,
afasta de meu peito o tenebroso caos!

G *Gota*, que encerraste o Rio imenso
da doçura perene,
não me deixes estiolar, aqui, à míngua!

I *Infusa*, que derramas o substancioso licor da oliveira,
5750 unge as chagas de minha alma com teu óleo!

J *Jardim* fechado do céu,
estrada que se abriu somente ao Rei divino,
abre-me os umbrais do eterno paraíso!

L *Lã* duas vezes tingida
pelo casto rubor da virgindade,
tinge minha alma com o amor de Jesus e com o teu!

5755 **M** *Mesa* coberta de manjar,
que nutre o Céu e a Terra,
essa tua iguaria me sacie e restaure!

CANTO V – PAIXÃO E GLÓRIA DE JESUS E DE MARIA

N *Noiva* eterna de Deus,
que geraste intacta o Pai que te criara,
seja casta a minha vida como foi teu parto!

O *Orla* do mar,
seguro porto às naus avariadas,
acolhe-me, que me engole o mar encapelado!

P Púrpura de que tirou seu manto o rei dos Céus,
despe-me da culpa e veste-me de Deus!

Q *Quadriga* velocíssima do Juiz eterno,
estende-me da altura, ó Virgem, tua mão!

R *Rainha*, que governas
a Terra e as estrelas,
seja regra de minha vida a tua vida!

S *Selva* de eterno verdor,
que deste ao mundo o fruto divinal,
acolhe-me à sombra de teus fecundos ramos!

T *Torre* altíssima da celestial Sião,
sê minha fortaleza contra o feroz inimigo!

U *Uva* que, sem se espremer,
derrama vinho de todos os sabores,
arrebata-me, inebria-me tu com teu licor!

V *Vergel* de Cristo, que exalas divinos perfumes,
teu oloroso coração
nos embebede o peito!

Z *Zona* de pureza e faixa de casto amor,
cinja-me o seio a tua virgindade.

DEDICATÓRIA

Eis os versos que, outrora, ó Mãe Santíssima,[1]
te prometi em voto,
vendo-me cercado de feros inimigos.
Enquanto, entre os Tamoios conjurados,
5780 pobre refém, tratava as suspiradas pazes,
tua graça me acolheu
em teu materno manto
e teu véu me velou intactos corpo e alma.
A inspiração do Céu,
eu muitas vezes desejei penar
e cruelmente expirar em duros ferros.
5785 Mas sofreram merecida repulsa meus desejos:
só a heróis
compete tanta glória!

---

[1] A dedicatória do poema, tão breve e de forte sentimento, foi escrita quando o poeta já estava fora de perigo, devido ao bom desfecho do acordo de paz, graças à vontade divina, mas também graças a sua paciência nas tribulações e seu modo afável de tratar os seus perseguidores.

"Anchieta e o curumim" (século XXI)
Autor: Maria Amélia Arruda Botelho de Souza Aranha

JESUS MARIA

"Este foi o fim da minha peregrinação, a qual provera ao bom Jesus, que por outra mão fora escrita e a minha, por amor de seu nome, estivera suspensa ao fumo de Iperoig e, certo, que se não pensasse tudo isto haver sido ordenado pela suma e divina disposição e vontade da obediência, que me arrependeria de haver-me de lá vindo e ainda com tudo isto me arrependo e pesa, não porque vim, mas porque não foi digna minha vida que eu desejava de pôr por meu Senhor Jesus Cristo, de ser aceita de sua Divina Majestade. Mas porque meu Pai celestial é mui rico para todos os que o invocam e tem muitas bênçãos que dar, ainda não desespere de alcançar esta de sua mão onipotente, confiando que primeiro me faria mártir, no cumprimento de meus votos e de toda virtude e, depois, se dignaria aceitar meu sangue derramado por sua glória, em holocausto e odor de suavidade, o qual eu peço humilde e entranhavelmente a todos os Padres e Irmãos, máxime a V. R. P., me alcancem do Senhor."

Deste Colégio de Jesus de S. Vicente, em 8 de janeiro de 1565 anos.[1]

Minimus Societatis Jesu.
(O menor da Companhia de Jesus)

José.

---

[1] Carta do Irmão José de Anchieta dirigida ao Superior Geral da Companhia de Jesus, Pe. Diogo Laínes, SJ.

"Votos de Anchieta"

ÍNDICE

PREFÁCIO 5

Um poema que nasceu à beira do mar 9

CANTO I: INFÂNCIA DE MARIA 23
    Conceição da Virgem Maria 26
    Nascimento da Bem-aventurada Virgem Maria 37
    Apresentação da Virgem Maria 52
    A perda da Virgindade: lamentação aos pés da Virgem 56
    Entrada da Virgem no Templo 63
    A vida da Virgem no Templo 66

CANTO II: A ENCARNAÇÃO DO VERBO 75
    Anunciação à Virgem Maria 77
    Entrada do Anjo em casa da Santíssima Virgem 86
    O Nome de Jesus e a circuncisão 95
    Resposta da Virgem ao Anjo 102
    Contra Helvídio e contra Calvino 108
    O Espírito Santo virá sobre ti 117
    Visitação da Santíssima Virgem 126

CANTO III: NATIVIDADE DE JESUS 143
    Oração da Mãe ao Filho recém-nascido 151
    Chegada e adoração dos magos 171
    Purificação da Virgem Maria 177

CANTO IV: INFÂNCIA DE JESUS 183

Fuga para o Egito 185

Regresso à Terra de Israel 210

Perda de Jesus no Templo 224

CANTO V: PAIXÃO E GLÓRIA DE JESUS E DE MARIA 235

Compaixão e pranto da Virgem 237

Alegria da Mãe na Ressurreição do Filho.............................. 255

Saudade e gozo da Mãe na Ascensão do Filho 265

Vinda do Espírito Santo 271

Morte de Maria Santíssima 275

Exaltação da gloriosa Virgem Maria 284

Último colóquio à Virgem Gloriosa...................................... 295

Piedosas petições à Virgem Maria pelas letras do alfabeto 302

Dedicatória 305

Este livro foi composto com as famílias tipográficas Dunbar Low, Times New Roman e Trajan Pro
e impresso em papel pólen soft 70g/m² pela **Gráfica Santuário.**